# 老婆
## 跟你想的不一樣

仔細閱讀本書，
能幫你更仔細去瞭解
這個每天與你同床共枕，
**而你卻不太瞭解的**
### 老婆

人生視野
65

老婆跟你想的不一樣

作　　者　博冰

出 版 者　大拓文化事業有限公司

執行編輯　賴美娟

封面設計　林鈺恆

內文排版　姚恩涵

總 經 銷　永續圖書有限公司

劃撥帳號　18669219

地　　址　22103 新北市汐止區大同路三段一九十四號九樓之一

　　　　　TEL (○二)八六四七－二六六三
　　　　　FAX (○二)八六四七－二六六○

　　　　　E-mail yungjiuh@ms45.hinet.net

　　　　　網　址 www.foreverbooks.com.tw

CVS代理　美璟文化有限公司

　　　　　TEL (○二)二七二三－九九六八
　　　　　FAX (○二)二七二三－九六六八

法律顧問　方圓法律事務所　涂成樞律師

出　　版　日◇ 二○一九年六月

Printed in Taiwan, 2019 All Rights Reserved

版權所有，任何形式之翻印，均屬侵權行為

永續圖書線上購物網
www.foreverbooks.com.tw

大拓
Talent Tool

國家圖書館出版品預行編目資料

老婆跟你想的不一樣 / 博冰著. -- 初版.
　-- 新北市：大拓文化, 民108.06
　　面；　公分. -- (人生視野；65)
　　ISBN 978-986-411-096-4(平裝)
　　1.夫妻 2.女性心理學 3.兩性關係
544.143　　　　　　　　　　108005149

「呼！好冷！」

站在路邊商店屋簷下的歐陽，不由自主的把脖子再往大衣裡縮了縮，然後又狠狠的跺了跺已經凍的快要麻木的雙腳。這樣的動作他已經重複了數十次，只為了想讓自己的身子稍微暖和一些。剛開始，這招好像還滿管用的，可隨著次數的增加，身體似乎對這種動作已經產生了免疫力，現在再怎麼努力跺腳，都無法給他帶來多少暖意了。

昏黃的燈光下，狹長的街道上連個鬼影都沒有。歐陽心裡不禁有些毛毛的。他看了看手錶，都已經快要凌晨一點了。

外面的雨似乎比剛剛小了些，可是儘管如此，只要他踏出這塊屋簷幾分鐘，照樣能被淋成落湯雞。他下意識地摸了摸大衣的口袋，希望能從口袋裡翻出錢來，因為身旁不遠的地方就有一間小旅館，如果有錢的話，就能去那邊住上一晚了。如果他能住進去，第一件事就是先好好泡個熱水澡，然後再舒舒服服的睡上一覺。當然，這一切幻想的前提，是他必須找到足夠的錢。可是，歐陽把全身上下的口袋都翻遍了，就只找到兩百塊而已。

兩百塊當然住不了旅館！所以，歐陽只能在下雨的午夜裡，繼續站在無人街道邊的屋簷下繼續受凍。

該死！自己的私房錢就藏在門旁鞋櫃的底層，如果能進家

門，就可以把錢拿出來住旅館了。可是，如果能進門拿到錢，那自己還出去住旅館幹嘛？

　　想到這裡，歐陽嘆了口氣……唉，誰叫自己惹火了家裡那頭母老虎呢！

　　可是這也不能怪他啊！

　　男人嘛！總是要應酬的。況且今天是週末，朋友過生日邀請大家去聚餐，自己能不給他面子嗎？男人之間一起吃飯，當然會喝點小酒，酒喝的高興了自然就忘記時間。而忘記時間的後果，就是被發火的老婆關在門外，不許進家門……

　　「這女人也未免太不通情理了！」

　　一陣冷風吹過，讓歐陽打了個哆嗦。寒風讓他更加怨恨自己的老婆記得她結婚前不是這樣的！當時的她可是柔情似水，也從來不會對自己的社交過問半分，頂多關心的說句，少喝點酒、早點回家之類的話。那溫柔的樣子，要多小女人有多小女人，還讓歐陽的同事朋友們羨慕不已。可是結婚之後，她怎會變成現在這個樣子呢？

　　時間不早了，歐陽的酒意也因為寒冷的關係清醒不少。見外面的雨又小了一些，歐陽決定找個地方過夜，如果自己再繼續站在這裡，說不定就見不到明天的太陽了。可是要去向誰求助呢？去找朋友？然後告訴他們自己是因為晚回家所以被老婆

趕出家門？開什麼國際玩笑！那麼丟臉的事情，自己寧願凍死都沒臉去做的！

歐陽突然想起了『賣火柴的小女孩』這個童話故事，心裡黯然一笑，自己堂堂一個大男人，竟然也淪落到了這種地步。而且，人家小女孩手裡至少還有幾根火柴可以燒來取暖。自己呢？除了兩百塊和一支手機之外什麼都沒有。

手機當然是不能燒來取暖！可是，難道要燒鈔票？別傻了！這兩百塊自己還等著明天一早買點早餐去討好家裡那頭母老虎呢！雖然她現在對自己越來越凶，可是她畢竟是自己深愛的老婆，而且歐陽也知道，她不要他太晚回來也是出於關心。如果不是今晚酒喝的太多，加上剛才吵架的時候，自己說了些太傷人的話，老婆也是不會如此「絕情」的把自己掃地出門。

不過愛歸愛，兩人總是這麼三天兩頭的吵架，還真讓人有些受不了。別的不說，就單單為了自己應酬晚歸的事情，她就已經發過 N 次火了，而且火燒的一次比一次大。今天把他趕出來露宿街頭，說不定下次就會讓他無家可歸了……

「唉——」歐陽又嘆了口氣，「究竟怎樣才能搞懂女人心呢？再這樣下去，恐怕兩人之間的裂痕只會越來越深。」

「先生，這麼晚了，你要不要進來坐坐？」身後突然傳來一個聲音，差點把歐陽的三魂七魄給嚇跑了一半。

　　夜深人靜，下著雨的街頭，昏黃的路燈⋯⋯這一切，不都跟鬼片裡，惡鬼要出來嚇人前的場景一模一樣嗎？歐陽頓時感到一種前所未有的恐懼感籠罩在自己的身上。他想喊、想跑，可是發現喉嚨和兩隻腳竟然完全不聽使喚，聲音到了喉嚨裡，彷彿被什麼東西卡住似的叫不出來，而兩隻腳也如同中了梅杜莎的魔法一樣，變的像石頭般僵硬的邁都邁不開⋯⋯

　　「你怎麼了，先生？」身後的聲音再次響起。是一個女人的聲音，而且語調柔柔的還很好聽。或許溫柔的女性聲音，總是帶有天然的親和力，歐陽似乎沒有像剛才那麼恐懼了，不過他還是想不通，大半夜的，誰會突然出現在自己身後。他小心翼翼地轉過頭，看到身後的店家裡透出一絲淡黃燈光，一個年約二十多歲的漂亮女孩，正站在半開的門後望著自己。

　　原來是店裡值班的員工，歐陽懸著的心終於放了下來。他不好意思地說道：「對不起，我只是想借你們的屋簷避避雨，沒想到把妳吵醒了。」

　　「沒關係！我們通常都很晚睡。」女孩對他露出了一個甜甜的微笑說：「這場雨，一時半刻應該也停不了，你要不要先進來坐坐？」

　　看著女孩的微笑，歐陽楞了一下。他突然覺得，這個女孩笑起來跟自己老婆好像。當然，是跟結婚前的老婆很像。結婚

後，老婆的笑容就越來越少了。相反的，怒氣和冷眼反而成了兩人相處之間最常見的狀況。

「這……恐怕不好吧？妳……妳不怕我是壞人嗎？」歐陽雖然不是柳下惠，可也還算得上是正人君子，大半夜的和一個年輕女孩共處一室，總是覺得怪怪的。

「不怕！因為壞人好人我看得出來。」女孩對他笑了笑說：「你先進來暖暖身子吧。」

人家女孩都這麼盛情邀請了，自己如果還扭扭捏捏，就太不像男人了。再說，自己無財無色，唯一的家當也就這兩百塊。想到這裡，他也不怕什麼了，跟著女孩走進了屋裡……

# contents

# contents

# 老婆不一樣跟你想的樣

# 第一個月

# 朝九晚五

## 1 奪命連環 Call
### —— Call 你千遍也不厭倦

這是一間大約三十多坪的店家，牆上掛滿了油畫。

原來是間畫廊！剛才在外面避雨，歐陽也沒注意到這家商店的招牌。不過，這裡離家不遠，而且自己上下班時還經常從這裡經過，怎沒發現有間畫廊開在這裡？他的心理掠過一絲疑問。

「我們之前一直在中部營業，後來房租到期了才搬來北部，今天是第一天開張。」女孩似乎聽到歐陽的心理的疑問，一邊走一邊笑著回答。

「哦！原來如此。」歐陽沒覺得有何不妥，還以為自己的想法，只是湊巧的跟女孩要說的一樣而已。他把外套脫下來順手掛在了門後，因為外套被飄進屋簷的雨水打得濕漉漉的，穿

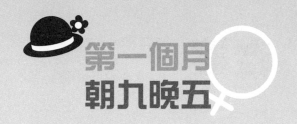
著很不舒服。而且這屋裡很暖和，才剛踏進來幾分鐘，就覺得額頭上有一絲汗水浸出。

「您站著幹嘛？請坐吧。」女孩指著門邊的沙發說道。這時，歐陽才看清楚女孩的長相。她的長相稱不上漂亮，但是五官卻很精緻，如同陶瓷娃娃般白皙的面孔加上髮色烏黑的娃娃頭，讓她看起來像極了超卡哇伊的日本人偶。

女孩個頭不高，身材卻很勻稱，尤其是灰色緊身毛衣，更襯托出少女柔美的曲線。這讓歐陽不由得有些許心神蕩漾，不過好在自己定力夠好，很快就壓抑住了自己的慌亂。萬一讓女孩發現自己的遐想，一怒之下再把自己踢回馬路上那就不妙了。於是，他趕緊把注意力集中到身旁的沙發上。

那是一張紅色的沙發，剛才進門時沒有仔細看，但是現在為了轉移自己對女孩的注意力，只好仔細的瞧瞧它，頓時覺得它有些眼熟——自己家裡的沙發也是紅色的，再仔細看看，竟然連造型也差不多。果然，連坐下去的觸感都是一樣。

「您先坐，我待會就來。」說著，女孩走進了在沙發旁邊的一個房間裡。而歐陽覺得自己反正沒什麼事，也不是很睏，就起身隨意瀏覽掛在牆上的油畫。

所謂「外行人看熱鬧」，歐陽是電腦相關科系畢業出身的，如今從事的也是軟體開發的工作，對於繪畫可真是一竅不通，

所以看著那些油畫，也沒摸索出什麼門道。正當他略感無趣的時候，身後飄來了咖啡的香味，仔細一聞，是自己最喜歡的摩卡咖啡。

回頭一看，女孩已經端著兩杯咖啡走了過來，自己留下一杯，另一杯遞給了歐陽。熟悉的咖啡，熟悉的沙發，歐陽頓時有一種回到家的感覺。

「這麼晚了，你怎麼一個人在外面遊蕩？」店裡只有一張沙發，女孩顯然不好意思和歐陽坐在一起，於是從房間裡搬出一把椅子坐在他的斜對面。

「沒什麼，只是被老婆趕出來了……」話還沒說完，歐陽便暗自痛罵自己多嘴，恨不得咬斷自己的舌頭。怎麼能把這麼丟臉的事情說出來呢？就算在那些狐朋狗友面前，打死也不能承認的事情，怎麼可以這麼輕易就跟一個陌生人透露！而且還是個陌生的漂亮女人，歐陽自認自己從來就不是那種說話不經大腦的人啊？

歐陽覺得自己變得很奇怪，這種感覺從剛才踏進門的那一瞬間就出現了。沙發、咖啡、女孩的笑容還有屋裡的燈光，都讓他覺得很熟悉也很舒服，完全沒有剛去一個陌生地方的拘束，反而感覺像是在家一樣的輕鬆。當然，是老婆變成母老虎之前的那個家。這一切讓他感到有種久違的親切。或許正是如此，

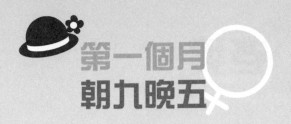
自己才會口無遮攔吧，歐陽心想。

「噗！」女孩捂著嘴笑了起來。

她不笑還好，這一笑可把歐陽羞得面紅耳赤。不過，他的臉紅一部分原因是因為不好意思，另一個原因是被女孩的笑容所吸引。如果說，剛才她的微笑跟自己老婆只是幾分神似，那她現在捂嘴偷笑的樣子，幾乎就是大學時代老婆大人的翻版。

歐陽有些手足無措，只好喝了口手中的咖啡，裝做欣賞油畫的樣子，四處張望以掩飾自己的尷尬。

「是不是在外面喝酒晚歸，結果惹老婆生氣了？」女孩止住了笑，不過嘴角依舊上揚著。

「妳猜對了！可是身為一個男人，偶爾出去和朋友吃頓飯，如果不到九點就被老婆打了七、八通電話追問『什麼時候要回家』，這實在是很沒有面子的事情！而且，最讓人難以忍受的是，就算是請廠商客戶吃飯的時候，她也照樣上演奪命連環 call 的戲碼，真是讓人很困擾。」

歐陽想起上次公司請客戶吃飯，融洽的談話氣氛一次次被老婆的電話鈴聲打斷，最後客戶覺得這樣實在很掃興所以就走人了。當時老闆的臉色陰沉到像快要殺人一樣。這讓歐陽感到很沮喪，於是，他不由自主地把自己的煩惱，統統說給了眼前這個讓他覺得十分親切的女孩聽。

# 老婆
## 跟你想的不一樣

「我有辦法讓你老婆不再上演連環奪命 Call ！」女孩狡猾一笑說道。

**☺解密頻道**

女子生而願有家，是天生的家庭動物，但是她往往不知道，男人並沒有女性那種對家庭全心全意的歸依感，所以女人自然也很難理解，男人對社交時間的需求。

這種爭取自由的行為在她眼中看來，就可能會被劃歸為男人對家庭的疏離，甚至是背叛她的罪名。加上女人的想像力豐富心思細膩而敏感，在看多了網路、報刊及電視上的各種情變故事，於是對於男人不在自己身旁時的生活，更難免產生種種天馬行空的負面想像。

如果這個時候男人表現出任何不耐煩，做出推諉甚至是敷衍的行為，那麼老婆就會更認為你是心中有鬼，覺得自己不好的預感似乎都是真的，於是心中的不安全感加重，所以越是要一通接一通的打電話要你回到她身邊，甚至不惜一哭二鬧三上吊也要逼你回家，這就是讓男人沒面子的奪命連環 call 起因。

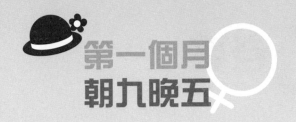

# 第一個月
# 朝九晚五

平時就要好好對老婆，尤其要表現出自己對那些婚後出軌的人士，是如何的深惡痛絕。這樣可以堅定老婆對你的信心，使她不至於胡思亂想的將問題誇張化，把你晚歸的理由無限上綱的胡亂揣測。

切記，在向老婆「請假」的時候，口氣要表現出十分無奈的樣子，表明自己也是身不由己，自己其實非常希望回家和她共進晚餐。把老婆對你晚歸的反感，轉移到造成這一狀況的人身上去（例如老闆，例如客戶張董⋯⋯），讓她沒機會埋怨你，反而對你只剩下同情、理解和體貼。

應酬時，如果接到老婆來電，這說明了她已經是處於非常不安的感覺裡了，而此時的她煩躁甚至憤怒的情緒，會更加難以安撫。與其這樣，不如事先主動報告行蹤，讓她明白，你雖然不在她身邊，但是還在她「管轄範圍」內。於是有了足夠安全感的女人，會樂於做出大方的姿態不再煩你⋯⋯也懶得煩你。

# 2 吃了閉門羹

## ——裝病也要進家門

*Wife is different from what you think*

　　歐陽聽完女孩的意見，不由得連連點頭。她說的似乎有理，自己過去只在意自己的自由，總覺得男人就應該在外面打拼，卻忽略了老婆的感受。

　　可是，這女孩怎麼懂那麼多？看她清純可人的樣子，怎麼看都不像是一個情場老手啊。而且……

　　女孩彷彿再一次看穿了歐陽的想法，笑著說：「看什麼？是不是在奇怪我怎麼懂那麼多？」

　　「嗯……」歐陽臉色刷一下的紅了，不好意思的點點頭。沒錯！這也是歐陽更加懷疑的一點——這女孩怎麼好像隨時能看穿自己的想法一樣？剛才還不覺得，但是經過這段時間的閒聊，他越來越覺得這不是巧合。

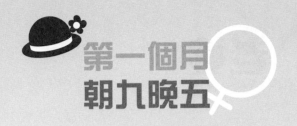
「呵呵，雖然我沒談過戀愛，不過我就是知道你老婆的心思。至於為什麼……」女孩很俏皮的對著歐陽眨了眨眼睛笑道，「這是祕密！」

「沒談過戀愛？」她是在暗示我什麼嗎？孤男寡女午夜時分共處一室，而且對方又是年輕貌美的女子……這讓身為一個正常男性的歐陽，小小的心神蕩漾起來。

「時間不早了！你也該休息了。不過要委屈你，今晚就暫時在沙發上過夜，可以嗎？」女孩的一席話打斷了歐陽的遐想，回復正常的他，頓時還暗自鄙視了自己一番。人家好意收留自己，自己卻有如此猥褻的思想，真是太丟臉了！

歐陽連忙說：「沒關係，我還要感謝妳的收留呢，睡沙發也很舒服！」說完他突然想到，自己剛才腦袋裡想的那些亂七八糟的內容，不會又被女孩察覺吧？歐陽小心翼翼的悄悄看了女孩一眼，見她表情很正常沒有生氣的樣子，這才安心下來。

女孩從房間裡抱來一床被子，又囑咐了歐陽幾句便回房了。偌大的畫廊只剩下歐陽一人。拉過被子躺了下來，他對這沙發的感覺很熟悉，無論柔軟度還是跟身體的契合度，都讓他覺得和自己家裡的那張沙發十分相似，甚至連沙發上傳來的淡淡氣息也很相像。為什麼會這麼神奇？就算是同個品牌，同個型號的沙發，也不可能給自己如此相似的感覺啊？

　　還有，今晚出現的這個女孩，也讓歐陽覺得奇怪。

　　明明二人從未見過，但是自己卻對她有種說不出的熟悉感。而且還能讓他把「家醜」毫無顧忌的說了出來。

　　唉～～～自己一個堂堂七尺男子漢，想不到變得這麼長舌！

　　不過，歐陽的感嘆和疑惑沒多久就被一陣濃重的倦意替代。晚上喝了不少酒，又在路上站了老半天，好不容易能睡在溫暖的房間和柔軟熟悉的沙發上，放鬆後的疲倦感排山倒海而來，沒多久他就睡著了。

　　此時，隔壁的房間裡有兩個人沒睡，正小聲的交談著。

　　「他好像已經睡著了。」說話的是女孩。

　　「嗯，等天亮了就讓他趕緊回家吧。」她對面一個大約五十多歲的婦人說道。

　　「可是……讓他這樣回去，行嗎？」女孩擔心地問道。

　　「當然不行，他鐵定會吃閉門羹。」

　　「那……」

　　「這樣他才會常來嘛！」婦人嘴角微微地揚起。

　　第二天一早，歐陽被女孩打掃的聲音驚醒。

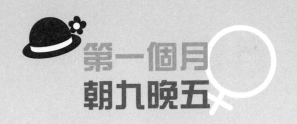
「早！不好意思，吵醒你了。」女孩微笑著對歐陽說道。

看了看房間，他猛然的想起昨晚發生的事情，趕緊站起來疊好被子對女孩說道：「謝謝妳收留我！我……我都不知道該怎麼感謝妳！」歐陽本來想說，乾脆買幅畫廊裡的畫作做為謝禮好了。但想起自己身上只有兩百塊，這連買個畫框都不夠，所以只好暫時作罷，心想買畫的事情以後再說吧！

「沒關係，沒關係。」女孩擺擺手很真誠的對他說道：「如果你喜歡這裡，歡迎經常過來坐坐。當然！如果感情上又什麼問題也可以過來哦！畢竟我是女人嘛，對女人的心思了解得會透徹一些，還可以順便幫你分析情況哦！」

「啊！哦……謝謝，那、那麼……我先走了，改天再登門道謝！」聽到女孩這樣說，歐陽臉一紅，抓起門背後的外套飛也似地衝了出去。

一天的工作結束了。畫廊本來就是那種幾天，甚至幾個星期才會有一筆生意上門的地方，所以女孩的工作並不繁重。見外頭已經天色暗了，她便早早的收拾好東西，沖上兩杯咖啡然後坐在茶几旁，似乎是在等著某人的到來。

「噹—噹—噹」

果然來了！

　　女孩微笑著起身走上前，一邊開門一邊說：「請進吧，歐陽先生！」

　　「呃，……妳知道我會過來？」門外的歐陽無比詫異。

　　「是啊，」看他吃驚的樣子，女孩很有成就感的說道，「我不光知道你會來，還知道今天你肯定又在老婆那裡吃了閉門羹，對不對！」

　　「妳、妳、妳……」歐陽一連「妳」了好幾聲都說不出完整的一句話。

　　眼前這個女孩，究竟是何方神聖？難道是 FBI？她不僅知道自己會過來，還連自己吃了老婆大人閉門羹的事都知道！

　　「我知道你要問什麼，不過這不重要。重要的是，你想不想知道自己吃閉門羹的原因？」

### ◎解密頻道

　　老婆可能很凶，可能很霸道，也可能很擅長河東獅吼。但是，老婆教訓老公唯一的原因或者目地，只是希望自己的男人變得優秀、或者能再更優秀一些。例如，老婆大人為了你酒醉晚歸跟你吵鬧的時候，其實她們是希望你能從被她教訓的言語中，體會到她對你的關心。

　　可是男人卻因為自己的自尊和面子問題，只把視線的焦點

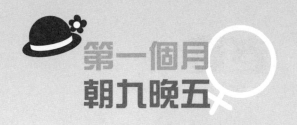
都集中在老婆「虐待」自己的表面上，而忽略了她「關心」自己的本質。

女人從來就不是理性的動物，當氣憤時她們說出的話，是不能用正常人的標準去衡量的。也正因如此，當女人破口大罵或者將男人轟出家門的時候，她們內心深處，其實是希望老公能對自己承認錯誤，低頭求饒的。但是男人通常卻對女人說的氣話信以為真，還真的乖乖出去了；或者受不了堂堂男子漢如此被老婆大呼小叫而瀟灑的甩門而出。這結果自然是火上加油，第二天回去免不了被怒上加怒的老婆大人拒於門外。

### ☞妙招指點

✔吃了老婆的閉門羹，老公最錯誤的行為就是「聽話的繼續留在門外」。切記，這時要跟老婆「談判」才有化解危機的可能。

✔如果老婆懶得理你，悶在屋裡不說話，你就設法讓她開口。你的開場話題可以是認錯，可以是解釋，也可以是信誓旦旦的保證不再犯錯……總之，只要能讓她回話，那麼你就成功了一半。

# 老婆
## 跟你想的不一樣

✔認真解釋並檢討自己晚歸宿醉的錯誤行為。不管你有理沒理，暫時先順著老婆的意讓她先把氣消了再說。否則，就算真理站在你這邊，也鬥不過無理打遍天下的女人。等她消氣了，有什麼道理再說也不遲。

✔適時上演苦肉計。比如，在門外裝作自己冷到不行，或者熱到快中暑的樣子，引發她的同情心，讓她為你開門。

✔請求支援。支援者最好是個女性，讓她在你身邊風騷無比的問你「要不要去我家坐坐。」然後你再義正言辭地拒絕，表示自己會忠貞不二的等老婆大人開門。當然，此法屬於偏門，慎用！

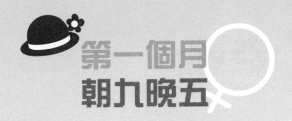

## 3 聚會雙人行

——你把她關在家裡，她就把你關在門外

　　「妳的意思是，她昨天把我趕出去，但是其實心裡並不是真的想趕我出去？」歐陽瞪大雙眼詫異的說道。這樣，女人的心思也太詭異了吧！嘴上說一套，心裡想一套，「口是心非」這句話，根本就是為她們量身訂做的啊！

　　「沒辦法！女人都是非理性動物嘛。」女孩笑著說道。

　　「那妳說我應該怎麼辦呢？」經過女孩的多次調教，歐陽儼然已經把她當成了專家，虛心的請教著。

　　「這個嘛……讓我想想。」說完，女孩開始繞著圓桌若有所思的走著，腳下的紅色皮鞋，還發出清脆的「嗒嗒」聲。

　　歐陽發現，女孩在想事情時會踱步的這個習慣，竟和自己的老婆十分相似。讓他依稀記起了當初自己在見丈母娘的前一晚，老婆為了讓他能夠順利的「面試」過關，一邊苦思一邊在校園裡踱步的樣子。只是當時老婆的走的更快，眉頭也皺的更緊些。老婆很怕丈母娘不喜歡歐陽，見歐陽在一旁發呆，還順手扔了顆小石頭砸他，不高興的對他說：「呆子！你還想不想娶我？不趕快幫忙一起想應對方法！」那時候的老婆真可愛啊！

　　歐陽回憶的發起呆來了，連嘴角都咧出了傻笑。

　　「喂，你還想不想哄你老婆啦？」女孩的聲音，把歐陽從回憶裡拉了出來。

　　此刻歐陽還呆笑著，表情仍有些意猶未盡的樣子。但是一想到自己還處於有家歸不得的狀態，連忙說：「想啊！想啊！」

　　「原來你年輕時，就是這個樣子。」女孩不滿的嘟囔了一句，歐陽沒聽清楚連忙問她說什麼，女孩撇撇嘴不再說話。

　　歐陽見女孩不理自己了，有點慌了手腳，「今天不能再露宿街頭了！所以一定要過了老婆大人那關才行！」他分析了一下情勢，決定採取死纏爛打的手段，於是帶著哭腔求道：「女菩薩、女神仙，請大發慈悲，告訴我搞定我老婆的辦法吧！」

　　「辦法很簡單，不過你可得破點小財了！」

　　「什麼辦法？快說，快說！只要辦法有用就行了！」歐陽催著。

　　「帶老婆一起去參加聚會前，先帶她去買套漂亮的服飾讓她好好裝扮一下。一來討得美人歡心，二來嘛……也可以讓她放心，你覺得這方法怎麼樣？」說完，女孩坐到了紅沙發上，悠閒的扇著手裡一把製作精巧的摺扇。這場景看起來，歐陽忽然覺得，這個女孩渾身上下真的散發出一股『仙氣』耶。不過，就算她不是神仙，也是諸葛亮投胎的吧。

　　「我現在就去買！」事不宜遲不能再拖了，越拖老婆越生氣，氣大傷身可就更麻煩了，畢竟自己終究還是很愛老婆的。

　　「等等！」女孩啪的一聲收住扇子，喊住了正想往外衝的歐陽。

　　經過幾天的調教，歐陽已經很懂規矩，一聽到命令就乖乖的來到女孩的面前，雙手一垂的等候指示，樣子十足像個做錯事的孩子。

　　女孩見狀，噗哧一聲笑了：「你不用這麼怕我啦，我們之間不應該這樣的。還應該是我要怕你才對！」歐陽有點不了解女孩話裡的意思。女孩從他眼裡看到了一個大大的問號，於是擺擺手說：「算了，算了，這些都無關緊要。我要說的是，你想好要買什麼禮物來討好老婆了嗎？」

　　這話問的真是一針見血，歐陽剛才只顧著興奮，根本已經忘記自己皮夾裡只剩兩百大洋，別說買件名牌的衣服，現在就連一件普通的小洋裝都買不起。

　　女孩顯然是看出了歐陽的窘境，於是走到他面前遞給他一張卡。

　　「拿著，這卡上的錢夠你買了，但是要記住，禮物一定要買這個！」說完又給了他一個淡紫色的信封。「你送這個給她，她一定會很高興的。」

　　「妳為什麼要這麼幫我？」歐陽就是再傻也知道，這世界上沒有白吃的午餐，他現在真的搞不懂，這個女孩葫蘆裡賣的到底是什麼藥。

　　「你不用緊張，我是真心想幫你的。至於錢嘛……你當然還是要還的，只是利息就免了！快去吧，這家店三點就關門了！」女孩用手指了一下淡紫色的信封，示意歐陽必須抓緊時間。此時她的聲音、眼神、動作似乎有一種魔力讓人難以抗拒，但歐陽沒再多問，乖乖的離開了。

　　歐陽走後，女孩轉身走進了房間裡，剛才的笑容已經消失不見。換上的，是悲傷及落寞的神情，她出神的望著牆上一幅女人的畫像，輕輕的說：「這妳想要的，是嗎？」

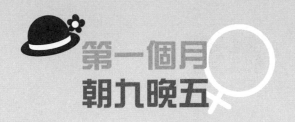

第一個月
朝九晚五

## ☺解密頻道

　　男人聚會，老婆發飆。男人總是覺得老婆怎這麼無理取鬧？但其實事實未必是這樣。男人在責怪女人之前，應該先檢討一下自己的行為，並站在老婆的角度去想想，她為何如此激動？其實在她激動背後，男人看不到的是女人一顆擔憂、及不安的心。

　　男人，你到底幹什麼去了？這是男人聚會時，女人會一直不停問自己的問題，在哪裡聚會？和什麼人在一起？會不會酒後亂性……這些問題，會在女人的腦袋裡亂竄把她們折磨的快瘋狂了。而這些問題真的只是女人憑空想像的嗎？倒也不見得……

　　男人不停的抱怨老婆難纏，但其實難纏的老婆，也是有辦法對付的！你就帶她一起參加聚會吧，一來堵住她嘮叨的嘴，二來安撫她不安的心。所謂「耳聽為虛，眼見為實」，她既然總是懷疑，或者獨自在家覺得寂寞，就不如讓她親自體驗一下你和朋友們的聚會，看她能不能適應。聚會感想相信她自己心知肚明，效果好，她可以活躍聚會的氣氛，效果不好，下次你要她去，她還會覺得無聊而不想去了。

老婆
跟你想的不一樣

✔事前沒有準備的臨時行為，往往會造成雙方面的尷尬，最可能發生的結果，就是夾在老婆和兄弟間兩面不是人。所以帶老婆參加聚會前，一定要和參加聚會的朋友們打聲招呼，讓大家有個心理準備，迎接嫂子的到來。

✔帶老婆參加聚會是必需的，但不是所有聚會都必須帶著她。比方說，你和朋友們這次是要去夜店瀟灑的，那這次的聚會就是屬於大家會容易玩過頭的那種，萬一你帶老婆參加了，你想你那「純情」的老婆，那顆脆弱的心靈可以接受嗎？即便你全程老實的陪在她身邊，但是讓她看見你的朋友們和辣妹們嘻笑調情，難保不會對你的人格產生懷疑，回家後少不了一場「質詢」。真是如此，還不如帶老婆參加一些氣氛低調的聚會。

✔聚會前先討好老婆，她的表現就往往會超乎你想像的好。怎麼討好？笨笨的男人抓抓頭說不知道，其實方法很簡單，先給老婆買喜歡的東西送她逗得她開心，她心情好，自然願意「回饋」你，會用心打扮一番去見你的兄弟，這樣你的臉上豈不也增光不少。

第二個月

# 情人節駕到

# XOXO

# 1 女人天生愛浪漫

## ——能讓她感動就叫浪漫

「老公──」東方雨嬌俏的親了一下還在睡夢中的歐陽，但是顯然這個香吻並沒對歐陽的睡眠造成多大影響，他依然故我的睡著。

看著毫無反應的老公，東方雨睜大了雙眼，怒氣開始聚積。

「歐、陽、朔……」一聲怒吼，房子晃了晃，歐陽馬上由床上彈起，還以為發生了什麼災難事故，趕緊抓起東方雨的手看她有沒有事，還緊張的問：「老婆、老婆、怎麼了？」

「沒什麼，我忽然想起下星期有個重要的日子，提醒你不要忘記哦，否則……」東方雨的表情，由開始的甜笑逐漸轉成猙獰，讓歐陽不寒而慄。

「下星期……下星期？重要日子？」歐陽抓抓頭，「星期

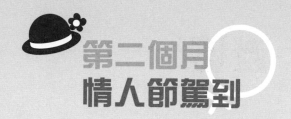

一是二月十二號、星期二是二月十三號，星期三是二月十四號，二月十四？情人節？！」

該進去？還是該離開？

歐陽站在畫廊門口猶豫著，左腳和右腳還在不停的打架。

「幹嘛要進去？你一個堂堂七尺男兒，連自己老婆都搞不定，有問題還要問一個小丫頭，說出去丟不丟人？笨蛋，回去自己想想吧！」左腳剛踏出一步，就被腦中嚴厲的訓斥聲拉了回來。

「有什麼關係？她是女人啊，女人心海底針，有問題當然要問女人才知道嘍！你知道你老婆多麻煩、多難搞定啊！你是水泥腦袋嗎？去、快去問問看！」腦中另一個聲音在一旁催促著他進去。

歐陽痛苦的掙扎引來了路人的側目，一個阿嬤經過還關心地問道：「小夥子，你沒事吧？需不需要幫忙啊？」

「呃，沒事、沒事……」歐陽連連擺手。把阿嬤送走後，自己才長嘆了一口氣。

「我想，還是不要進去好了。」他垂著頭，有些氣餒的做了決定，轉身準備離開。

「　噹」一聲，清脆的打擊聲由後腦傳來，這聲音很近、

很近，沒錯！有東西和自己的腦袋親密的接觸了一下，五秒鐘後歐陽才感到一陣劇痛，並開始「哎呦、哎呦」的叫出聲。

「虧你還知道痛！」歐陽被敲得眼冒金星。

恍然間，覺得有一個紅影正攔在自己的面前，定眼一看才認出是上次指點自己的那個畫廊女員工。而那個攻擊自己腦袋的「凶器」，正是她一直拿在手裡的那把扇子。此時，這個「兇手」的臉上絲毫沒有罪惡感，還用面帶不屑的表情看著自己。

「我已經看你在外面站半天了，是找我有事吧！跟我進來。」

歐陽乖乖的跟著女孩走進了畫廊，剛一進來，門就忽然自己關上了，這讓歐陽想到了恐怖片中的情景而感到脊背有些發毛。

「大白天，有什麼好怕的？」歐陽覺得自己真是沒用的可以，「像我這樣的男人，不知道老婆當初是看上了我哪點？」他想著。

女孩像是看穿了歐陽的心思，請他坐到沙發上，然後遞過來一杯紅茶，在歐陽的對面坐下說：「男人應該大方點！」

「這次又是什麼問題呢？」女孩專注的用鼻子聞了一下紅茶的味道，對茶香味滿意的微笑著。

「情人節。」歐陽深吸了一口氣，「我老婆對這個日子很

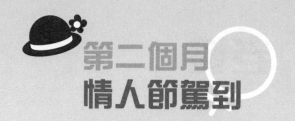

期待，但是我不知道她希望的情人節到底是什麼樣子的，希望妳能幫助我！」

「對女人來說，這的確是個重要的日子。」女孩喝了一口紅茶，若有所思的說。

「去年情人節，我帶她去遊樂園玩，還送了一束花給她。今年不知道要做什麼了，如果還是同一招，她一定會說我沒新意兼沒誠意。」唉，女人心海底針啊，她們到底在想什麼呢？眼前的這個小姑娘也是，總是一而再再而三的幫助自己，但又不要什麼回報，真是又奇怪又難懂。

「女人天生愛浪漫，聽過沒有？尤其是這個特別的日子，男人一定要滿足她的浪漫情懷，把這一天變成她最美好的回憶之一。」

「這道理我是聽過啦，可是什麼是浪漫？我好像總是抓不住浪漫的重點。」

「好吧，那我今天就幫你這個乏味男上一課，我們就從了解浪漫教起……」

女孩的話音一落，神奇的事情發生了，畫廊裡的燈光一瞬間全部消失，周圍變的漆黑一片，而牆壁上的油畫竟慢慢的發出幽藍色的亮光。隨後，每幅畫都好像活了起來，變成了一幅幅動人的景致。

老婆
跟你想的不一樣

「怎樣，教材很生動吧？我們就先從這幅開始。」女孩指了指著其中的一幅畫，那幅畫的圖案，立刻開始像幻燈片一樣變換。

### ☺解密頻道

浪漫是什麼？女人愛浪漫，幾乎無一例外。男人為了取悅芳心，總是希望自己能夠變成一個製造浪漫的高手，但結果往往適得其反，所以才有了女人心海底針的說法。

那麼，浪漫究竟是什麼呢？老公們，請擦亮你的眼睛，豎起你的耳朵，好好看清楚，聽明白吧！

浪漫的本質是一種感動，它是兩個人之間的默契，是一種至真至純的心靈體驗。一束玫瑰、一頓燭光晚餐之所以會讓女人有浪漫的感覺，是因為此情景、心境的綜合作用。但是兩人如果沒有愛情當基礎，是無法產生這種感覺的。只有當雙方心裡有愛的交流且心靈互相呼應，這時所製造出一些甜蜜的氛圍，才會讓女人覺得浪漫。

### ☞妙招指點

浪漫從何做起，首重色香味俱全。男人最重要的是事業，而女人最重要的是家庭，所以，愛老婆就要給她一個溫馨的家，花點小錢把家裡佈置的浪漫一些，會讓女人愛你愛的死去活來。

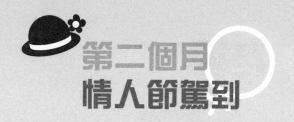
# 第二個月
## 情人節駕到

**（視覺）**

　　家裡的傢俱不一定要豪華，但是要讓人感覺舒適，顏色可以佈置成老婆喜歡的顏色，買她喜歡的掛件、飾品，裝飾屋內。

**（嗅覺）**

　　家裡可以放些香水、水果等有清新香味的東西，女人對香味很敏感，聞起來舒服的家，會讓她們有安全感又放鬆。

**（味覺）**

　　不一定非得美味佳餚，只要是你的老婆和你愛吃就好。看到你不時為她準備她愛吃的小點心，她就會知道你的心裡想著她也重視她。

## 好鋼用在刀刃上

### ──掌握花錢的關鍵時機

　　歐陽從畫廊出來時，天色已近黃昏，太陽下山的速度很快，一下子就把天邊的雲灼得火紅，這景色看上去真的好美啊，這時候如果能夠摟著老婆的腰，一起靜靜的欣賞這夕陽西下的變化，也不失為一件浪漫的事。

　　歐陽笑了一下，自己對浪漫的認識，顯然已經提升到一個新的層次，但是二月十四號，到底要給老婆一個什麼樣的驚喜，他還是沒有什麼好想法。

　　「情人節，妳覺得我應該給她什麼驚喜呢？」這是歐陽從畫廊出來前，最後問女孩的一個問題。

　　「這個問題，當然要你自己去想嘍！我恕難回答。你想想女人愛浪漫的心情，仔細體會她的感受，可能就會知道答案。」女孩沒有給他什麼答案，因為浪漫沒有一定的模式，做法只是

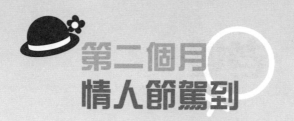

因人而異。

　　歐陽忽然想起，自己在大學時有個號稱「少女殺手」的室友「高勝」。此人追女手段之高明，讓他的風流韻事在男生宿舍中廣為流傳。大學四年閱女無數，歷任女友分手時，都還對他戀戀不捨，愛他愛的死去活來，為了挽回他那顆已經移情別戀的心，其中還曾經有一位絕食、一位割腕、一位跳樓的狀況發生，萬幸的是，絕食的那位，因為絕食期間只喝水，所以兩個星期下來還減肥成功了，並且一躍成為系花；那位割腕自殺的，幸好被一位男同學所救，最後男同學還因為英雄救美，而擄獲美人芳心成眷屬；跳樓的那位也很幸運的獲救了，也因在跳下樓的那一刻看破紅塵，此後一心向佛，現在在佛學界已經小有名氣。

　　有這樣個「情場高手」的朋友可以討教，擺著不用豈不是暴殄天物。歐陽立刻拿出了手機，傳了一則訊息給高勝，拜託他給自己指點指點。等了半天終於有了回傳，歐陽興奮的抓起手機來看，只見上面只有寥寥幾個字：「花錢不能手軟，你千萬記住。」

　　這小子什麼時候行事變得如此成熟了？這麼大的事情到了他那兒，給的答案倒是簡潔。

　　歐陽反覆琢磨高盛這番話的意思。覺得還真是說的沒錯！

討老婆歡心就是要捨得花錢，畏畏縮縮的男人，只會讓老婆瞧不起。

歐陽直奔最近的提款機，毫不猶豫的將自己的存款領光，發誓要將浪漫計劃進行到底。

「花錢買浪漫？你有多少錢可以浪費？」歐陽把一個月的薪水拿在手裡，隨即聽見耳邊有一個聲音在問自己，區區幾萬元能買多少浪漫？

回到家，歐陽背著老婆，偷偷上網在搜尋裡輸入了「浪漫聖地」幾個字，隨即幾十頁的網頁彈出，歐陽一一點開，發現隨便一個網友建議的地點都可以榨乾自己的血汗錢。在經濟不景氣的現在，要浪漫顯得更加奢侈。

高盛說過「好鋼要用在刀刃上。」經濟學也講過「理性消費，是要能獲得最大效用的。」所以，老婆覺得好才是真的好。

歐陽開始搜索記憶中的碎片，回憶著老婆是否曾經說過想去哪裡玩、或者喜歡哪裡。終於，他想起，老婆曾在看韓劇的時候，說過想去濟州島旅行，那麼何不趁情人節了了老婆這個心願呢？

就這麼辦吧！歐陽下定決心，開始準備一切！

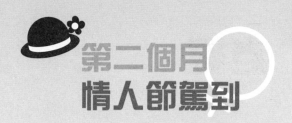

第二個月
情人節駕到

　　女人花男人的錢時，是抱著怎樣的心態？這是很多男人都想不通的問題。是不是她花你的錢，就意味著她是個貪慕虛榮的女人呢？這純屬個別情況，純粹的拜金女，在眾女人中的比例還是不高的。

　　女人們雖然總是倡導著「男女平等」，但是這個觀念一放到金錢觀上，大多數女性都會理直氣壯的說「只有這項男女不用平等」，這是為什麼呢？因為女人們腦中有一個根深蒂固的思想就是「男人不花錢，就是不愛妳！」

　　男人肯為自己花錢，一方面可以滿足女人們之間愛比較的虛榮心。另一方面，錢是每個人都看重的東西，你願意為她付出越多，她覺得這代表你越愛她，她自然更感動。

　　所以男人花錢的意義，不光只是表面上那樣簡單，更多時候女人是用這個指標來衡量你對她的真心。

　　女人是感性動物，除了金錢外，女人還需要感情上的慰藉。男人真正愛一個女人時，一定要花些時間去陪她、愛護她，不管這個女人有多獨立、多強悍都一樣。很多男人，尤其是成功男人，他們對女人不吝嗇花錢，卻吝嗇給女人時間。長時間的冷淡，容易讓多愁善感的女人對你失去信心跟耐心而轉身投入他人懷抱。

老婆
跟你想的不一樣

✔女人認為，真正愛自己的男人是願意為自己花錢的，但是男人也要擦亮眼睛，如果你的女人一天到晚只想到要如何花你的錢，那麼這個女人，也不是真正愛你的。女人真心愛一個人的時候，會主動的設法為你省錢，男人花錢她也會心疼。

✔也許你並不是個有錢人，但是如果要討對方歡心，就不能吝嗇付出。掌握好時機在關鍵時刻勇於打開荷包的男人，往往是最後的勝利者。這些關鍵時刻包括情人節、生日以及屬於兩個人的紀念日等。

如果並不富裕的你，能幫她買一個稍稍貴一點的禮物。或者是平時十分忙碌的你，願意在百忙之中，請假陪她度過這個對她來說有意義的日子，都會讓她感動。

✔瞭解她的喜好。女人都喜歡收到禮物，但是收到的禮物是不是她中意的，那效果就相差十萬八千里了。

對於收到自己不喜歡的禮物，女人的第一反應是，這個男人太不瞭解她了，於是敏感的女人們，很可能失望的轉身離開你。所以要多花些心思去研究一下她到底想要什麼，免得賠了夫人又折兵。

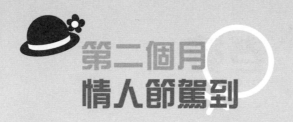

XOXO

## 3 聽老婆的就錯了

—— 她的「旋外之音」，
你聽懂了沒？

*Wife is different from what you think*

　　對於情人節出遊濟州島的計劃，歐陽做了一個仔細的預算表，而預算表裡的數字告訴他，即使是把開銷降到最低，也會使自己負債累累。

　　真的值得嗎？這個浪漫驚喜遠遠超過了自己經濟能力所能負荷的啊！

　　歐陽前思後想之後，決定還是和老婆商量一下，如果老婆真的想去，那麼只能牙一咬、心一橫的去了！如果老婆不想去了，換個去處也不會貴的這麼嚇人。東方雨雖然脾氣不太好，卻是個善良的女人，歐陽相信她應該能夠體諒自己的。

❀

　　東方雨在一家知名的雜誌社做美編，雜誌主要的讀者群，幾乎都是都市白領階級的上班族。去年由於受到金融風暴的影響，很多人失業、降薪，而殘存的上班族也都紛紛削減開支，對於買雜誌這種奢侈的消費項目，自然是被理性的上班族們踢出了消費清單。於是雜誌的銷售量開始直線下降，雜誌銷售不佳的結果，就使得像東方雨這種資歷不深，後台不夠硬的小小美編躲不過被資遣的命運。

　　現在，東方雨在一家小雜誌社做和原來同樣的職務，雖然覺得委屈而且薪資又不高，但也無可奈何。現在大環境很差又不是她的錯，只能當一天和尚撞一天鐘了。如果動用信用卡上的一大筆錢去旅行的話，將會有淪為卡奴的危險，

　　每天做著一成不變的工作，終於熬到下班。來到公車站等車的時候，東方雨看到了一個熟悉的身影——老公歐陽。

　　老公來接老婆下班！這個情節放在電影裡的話，應該是女人飛奔過去抱住男人，撲進男人懷中，然後再獻上一個感動的香吻；或者是走過去牽住老公的手，此時兩人無需言語，一起靜靜的走在回家的路上，讓夕陽把兩人並肩而行的影子拉成一條線……

　　可惜，東方雨不是電影裡的女主角，更不會像他們一樣做

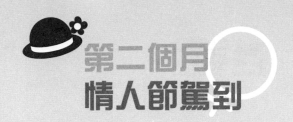
那種事。她看到歐陽的第一反應是把眉頭皺了皺，因為她心裡知道「沒事獻殷勤，非奸即盜」，歐陽一定是有事情才會來找自己，而且絕對不會是好事！這個男人的浪漫細胞幾乎是零，接老婆下班這招，他是絕對想不到的。

但是這次東方雨算錯了，歐陽面帶笑容的朝她走來，手裡竟然還捧著一束玫瑰！

真是太陽打西邊出來了！這是我老公嗎？平時那個呆頭呆腦不懂浪漫的他，竟然會送玫瑰給我！他可是連談戀愛時都沒送過自己花呢？

「老婆，今天辛苦了！所謂鮮花配美人，這個送給妳！」歐陽含情脈脈的把玫瑰遞給了她。

「要死了，買什麼花啊，浪費錢！」東方雨雖然心裡高興的不得了，但是嘴上還是罵著，不過語氣卻是非常柔和的。

歐陽本以為老婆會感動得要死，還會喜極而泣的抱住自己，沒有想到老婆只是埋怨自己亂花錢，一下子竟不知接下來要說什麼才好。

「好啦，好啦。買都買了，這次我就收下吧！下次別買了。」東方雨看到周圍的人紛紛對她投以羨慕的眼光，得意的把抱在胸前的花束又提高了一些。其實她心裡是很喜歡的，哪個女人不愛花呢？尤其是老公親自送來的，而且還是代表愛情

的玫瑰花。

　　被老婆這一訓斥，歐陽徹底的放棄了去濟州島的計劃。想想，他光買一束花老婆都覺得是浪費了，如果跟她提起要去濟州島旅遊的計劃，肯定會被她罵到死。情人節還是一切從簡在家做頓好吃的算了，省的又挨罵！

　　情人節這天沒碰上假日，因為沒有特別的安排，所以兩個人都照常上班了，但一大早，歐陽就感受到老婆有股莫名的火氣，

　　雖然自己提早下了班回家做飯，但是這個女人好像絲毫不領情，連吃晚飯的時候都沒給他一點好臉色看，完全沒有節日氣氛！

　　吃完飯後，東方雨再也憋不住的發飆了，她不是那種有怨氣可以忍住不發洩的人。

　　「歐—陽—朔！今天是情人節！你怎麼一點表示都沒有，虧我還在上星期就提醒你要好好準備了！驚喜！你懂不懂？浪漫！你懂不懂？什麼表示都沒有！你到底還愛不愛我啊！」

　　「妳也太不講道理了吧，我本來是想帶妳去濟州島度假的，但是前幾天我買束玫瑰花送妳妳都嫌貴，我怕花錢妳會心疼啊！」歐陽滿腹委屈的辯解著。

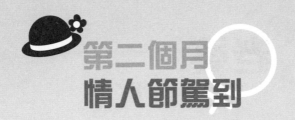

## 第二個月
## 情人節駕到

「我心疼！我看是你自己心疼吧！」東方雨「碰」的一聲，把臥室的門用力關上不再理會歐陽。

「情人節？就這麼過去了……」歐陽雙手一攤，無奈的自言自語道。真後悔沒有聽那位畫廊女孩的勸告，盲目的輕信了這個愛騙人的老婆，結果搞砸了精心策劃的甜蜜情人節。

### ☺解密頻道

「女人心，海底針。」有些男人總是抱怨女人太難懂。她們的腦子裡在想什麼？就算是聰明如比爾‧蓋茲的男人應該也猜不到吧。女人的想法真的如此難懂嗎？其實不然。女人並沒有男人想像中的那樣複雜，她們只不過是喜歡放些煙霧彈而已。

女人是一種口是心非的動物。但是她們的口是心非是無意識的也是天性，她們生來就註定要和男人玩一場你捉我藏的遊戲。

### ☞妙招指點

女人喜歡用「弦外之音」來表達她的真實意思，可是男人們通常慧根很差，多數聽不出女人話裡所含的隱喻，因此很容易造成彼此的誤解，這讓男人傷神女人傷心，嚴重的還會因為這種溝通障礙而各分東西。

想作個好男人，你不但不能和女人計較，還要努力參透她

# 老婆
## 跟你想的不一樣

話裡的真實意思。有時，女人的不是＝是、不要＝要，雖然她嘴上在拒絕，但是內心卻是渴望十足。

老婆
跟你想的不一樣
*Wife is different from what you think*

XOXO

第三個月

# 性福問題

XOXO

# 1 性感內衣惹的禍

—— 溫柔才是打動女人的
最好武器

*Wife is different from what you think*

　　歐陽摸摸乾扁的肚子，在黃昏中獨自在外遊蕩覓食。咕嚕、咕嚕……此時肚子抗議的聲音聽起來格外的刺耳。

　　「無家可歸」這種經驗對歐陽來說已經不陌生。可是這次不一樣，以往老婆回家還會準備晚飯，但是自從情人節之後，老婆徹底的罷煮了，現在歐陽連家裡的筷子都沒機會碰到，因為回家沒飯吃了。

　　「情人節，大概真的讓她很失望吧！」歐陽知道老婆是不滿意自己情人節時的表現，所以在懲罰自己。「我一定要想辦法讓老婆原諒我！」歐陽摸了一下肚子，感到裡面正在鼓樂齊

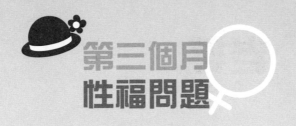

嗚，而且還是接近演奏尾聲的樣子，聲音顯得有些有氣無力。

　　口袋裡沒半毛錢，既不能找旅館又不能吃飯，歐陽就這樣沿著河邊道路漫無目的走著。當停下來時，發現自己又站在常來的那間畫廊門前。

　　雖然來過好幾次了，但今天歐陽才發現這個畫廊竟然沒有招牌，如果不進入到店內，單從外表很難判斷這家店是做什麼生意的。

　　「難怪每次來，都沒見過有客人上門！」真是奇怪。

　　仔細回想起來，這家店真的給人一種很神祕的感覺，從店的本身到店裡的那個紅衣女孩，無不讓人覺得疑惑。雖然歐陽心中有如此疑問，但每次見到那個女孩，卻不由的有種親切感，一點都不覺得跟她陌生。而女孩一次又一次在自己迷茫時幫他指點迷津，所以歐陽也相信，她絕非是心懷不軌的惡人。

　　在這個落魄的時刻，歐陽還能去哪裡？

　　他推開門進入畫廊，聞到空氣中彌漫著一股迷迭香的味道，配上店裡橘色的燈光，讓他在欣賞著掛在牆上的畫作同時，有一種穿越時光隧道的迷離感。

　　「你來了啊。」熟悉的聲音把歐陽沉浸在畫中的意識拉了回來。

　　「呃，是啊，好久不見了，今天剛好來這邊拜訪客戶，所

以順便過來看看妳。」歐陽有些心虛的說。

「哦？真的嗎？恐怕是無事不登三寶殿吧。」女孩一向心直口快，絲毫沒有留面子給歐陽。

歐陽已經習慣心思被女孩看穿，面對這樣一個「高人」，自己也沒有虛偽的必要，就實話實說吧。於是，把上次走後自己和老婆的相處情形，一五一十的跟女孩講述了一遍。

「有點棘手哦，你真的把你老婆惹毛了！」女孩有些幸災樂禍的眨眨眼。「女人嘛，都是要靠哄的，只要你哄得好，一切自然就煙消雲散了！」

「怎麼個哄法，還請姑娘指點！」歐陽學起了古代書生的語氣，向女孩討教。

「女人被心愛的男人寵愛的時候，是她們覺得最幸福的時刻！而寵愛她們的最好方式，就是送女人貼心的禮物！」女孩認真的說道。

歐陽看著女孩心想，她明明外表看起來一副涉世未深的模樣，卻能說出那麼多的道理，而這些道理對自己又剛好的那麼實用，真是太神奇了！

「我這次交代給你的任務，不是買一樣普通的東西，是需要你的誠心和勇氣才能完成的哦！」說完，女孩略帶挑釁的看著歐陽。

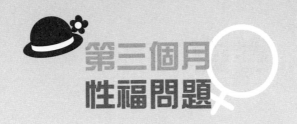

「妳說吧，不論什麼事，只要能讓老婆開心，我都能做到！」歐陽拍拍胸脯，信心十足的保證。

「那我要你去……」女孩在歐陽的耳邊嘀咕了幾句。

「啊！不會吧！要我去幫她買內衣──」歐陽的大叫聲迴盪在畫廊內，而且他沒有注意到，畫中的人物竟然全都不約而同的摀住了耳朵。

回到家後的歐陽還有些驚魂未定，想起自己在內衣店的那一幕，他仍羞得面紅耳赤。老婆本來還在和他嘔氣，但是看到他臉紅的像關公一樣、有氣無力的站在門外，還以為他出了什麼事情，二話不說趕緊幫他開了門。

東方雨看到禮物的反應，表現的比歐陽想像中還要強烈。她開心的幾乎要跳起來，也許是做夢也沒想到，老公竟然會這麼體貼的幫自己買內衣，而且還是如此性感的內衣！

「老公，我穿給你看看！」東方雨像小鹿一樣高興的跳回臥室，沒一下子就換裝出來了！

「好美！」歐陽被眼前老婆完美的胴體迷住了。老婆是個羞澀的人，從未如此大方的在他面前表演過內衣秀，大概是收到喜歡的禮物太開心了吧，讓他能得到如此的眼福。

看呆了的歐陽，渾然不覺自己的兩管鼻血已經淌出，只感

老婆
跟你想的不一樣

到眼前一黑，暈倒在地。

　　唉 ~~~ 都是內衣惹的禍啊！

　　女人對性感內衣的喜愛，絲毫不亞於對鮮花、珠寶的熱愛，只是這種熱情的表達更加含蓄和隱晦一些。這是因為內衣和女人有著不解的情緣，女人為自己選一件上好的內衣，會覺得這是對自己最好的寵愛。

　　你的女人是哪種類型？你無須對她的一言一行猜來猜去，只要看看她穿的內衣，就能一目了然了。

### 傳統型

　　此種女人選擇的內衣樣式傳統保守，反映出她本人也是傳統型的女性。和她調情時你要掌握好分寸，一開始要偽裝一下你的色狼本性，免得把乖巧的小綿羊嚇跑了。溫柔是打動她最好的武器，在你的慢慢的調教下，她會為你穿上性感內衣，也不是不可能的事情。

### 專一型

　　她在你眼裡可能是個缺乏新鮮感的女人。從你們認識開始，每次做愛時都穿著同款胸罩，還可能是同個牌子同個式樣。但是這種女人，多半是個從一而終的好女人，她對任何事情都

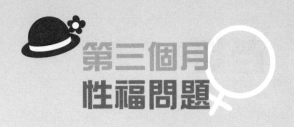
不會輕易放棄，對你也是如此。

### 尤物型

她是個百變精靈，每次都能給你十足的驚喜，她的內衣樣式由透明睡衣到黑色丁字褲、魚網襪，沒有一件不能撩撥起你的慾望。這類女人往往比瞭解自己還瞭解男人，男人在她們眼中是征服的物件，在享受她所帶來的快感同時，不要忘記告誡自己要多加提防哦！

### 浪漫型

可愛的蕾絲花邊、蝴蝶結，粉嫩的顏色，說明她是個十足浪漫的女孩，純情可愛這詞總是和她分不開。做愛時溫柔的愛撫她，她還會發出小貓般的嚶嚶聲，這樣的女人怎不讓男人發狂？

### ☞妙招指點

如何幫你的女人選內衣？送人禮物當然要投其所好，內衣也不例外。想做個細心的男人，就從幫老婆買內衣開始，

✔選對 size 最重要，千萬別用「目測」這種鬼方法，買回來萬一她不合穿，那你更會落了個不關心她的惡名。可以在她出門後，把她的內衣仔細研究一番，樣式、size，萬一沒有調查

清楚就進內衣店裡亂掃一通，只會讓自己當眾出醜。

　　✔內衣品牌也有大學問，選購之前要弄清楚女人喜歡的牌子是哪個？如果不清楚，也要選擇一個知名品牌的內衣。「如果對尺碼沒把握，就選一個邊上繫帶子的內褲也很好。」這是著名的內衣銷售經理，對想幫女人買內衣的男士們的建議。

　　✔睡衣也是送禮的好選擇，因為它對尺碼的要求並不是太高，而胸罩則是絲毫不能有偏差的，一定要弄清楚了再買。睡衣的顏色、圖案也要講究，皮膚白皙的女人可以選擇一些色彩柔和的內衣；皮膚較暗的女人，則應該幫她選擇一些顏色鮮豔的內衣。

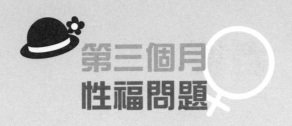

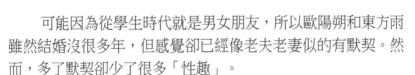

# 第 N 次親密接觸

## ——解開她的身體密碼

　　可能因為從學生時代就是男女朋友，所以歐陽朔和東方雨雖然結婚沒很多年，但感覺卻已經像老夫老妻似的有默契。然而，多了默契卻少了很多「性趣」。

　　上一次，歐陽買了一套性感內衣送給老婆，這禮物起了很奇妙的作用，東方雨不但氣消了，而且這套內衣穿在她身上，也讓兩個人的性生活加了不少分。

　　沒有生育過的東方雨，身材還是姣好誘人的，只是他們夫妻二人平時都很保守，連做愛時也一定要關燈。那次老婆的內衣秀，對歐陽的刺激不小，洶湧的鼻血已經證明了他澎湃的激情。

　　一套內衣帶來的改變是巨大的，但是要維持日後長久的激

情，是不可能只靠一套內衣就能維持的，這讓歐陽有些發愁。

　　這天下班後，部門同事相約到附近的酒吧小聚。因為歐陽從事的電腦軟體行業，競爭激烈，每個員工都承受著巨大的壓力。下班之餘，大家很喜歡出去坐坐放鬆一下。而男人在一起，總喜歡說說黃色笑話或談談美女、夜店之類的話題，歐陽是個顧家型好男人，自然是沒去過這些地方，所以大家在討論這些話題時，他只能保持緘默的當個聽眾。

　　今天的話題比較讓人血脈噴張，幾個人在討論怎樣的手法容易讓女人達到高潮。不錯，在這個男性社會裡，男人的強弱不但要表現在事業上，在某種程度上也還要看他性能力的強弱。

　　「不就是床上那點事嘛，有那麼複雜嗎？」歐陽心裡雖然鄙視，但是耳朵卻豎得很高，認真的聽著大家的發言。

　　A君一直在聊天過程中，強調自己的作戰時間有多麼長，每次都能讓女人求饒。

　　B君則是說自己的床上「招式」如何變幻莫測，讓女人次次都有新鮮感。

　　「誰知道說的到底是真是假！」歐陽坐在旁邊隨便聽聽，因為這些內容在無數A片和黃色書刊裡都已經描寫的淋漓盡致。所以這些「知識」對自己沒什麼幫助。

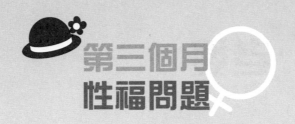

　　這時，一旁的 C 君發言了，C 君是個看起來相當斯文的男人，與高大威猛壓根扯不上關係，但是熟識他的人都知道，他可是個泡妞高手。閱女無數的他，至今還沒有固定的女朋友。一般男人都愛吹牛，但是 C 君絕對是實戰高手。他一開口，果然剛才的那兩位立刻閉嘴了，乖乖的在一旁聽候高人的教誨。

　　「我在時間上不如 A 君的持久，在花樣上也比不了 B 君的推陳出新！不過我覺得男人要想征服一個女人，尤其是征服她的身體，就一定要瞭解女人的身體，所謂知己知彼百戰百勝！做愛也是一樣的道理！」

　　果然是高手，開場白就和普通的小瘪三不同。

　　歐陽暗暗豎起大姆指稱讚，希望他能夠切實的說出一些招數，能讓自己運用到自己的實戰中。

　　在眾人期盼的眼神中，C 君開始娓娓道來他的祕笈寶典……

**☺解密頻道**

　　老婆樣貌可人「出得廳堂下得廚房」，可是為什麼偏偏就是床上功夫不行？對做愛好像也不感興趣？人家不是都說：女人三十，如狼似虎！為什麼我老婆偏偏不是？一連串的問號在男人心裡糾結。

老婆
跟你想的不一樣

　　沒錯！婚姻是建立在在情感的基礎上，但是「性福」也同樣不能不重視！缺少「性福」，是你沒有讀懂她的身體密碼？還是自身技術有待提昇？男人可要知己知彼才能百戰百勝。

　　一位著名的性學家曾經做過一個調查，在中國的婚姻中，有六成女人是不「性福」的，調查結果中顯示，百分之十七的女性對性生活不滿意，百分之十二不太滿意，百分之三十九認為一般，百分之十八比較滿意，很滿意的只有百分之十四……究其原因，大多數女人覺得男方的表現不盡人意，只有一些女性認為是自己天生性冷感導致。

　　中國人看待「性」的問題過於嚴肅，很多時候夫妻之間都羞於談性。新婚初期，兩個人還有些衝動和新鮮感，但是隨著時間的流逝，相處久了的兩個人，慢慢的把「性」當成一件例行公事或者是義務，這使它變得毫無情趣可言，當然就更不要談「性幻想」了。

**☞妙招指點**

　　✔性愛其實跟生活中很多事一樣，都需要講究情趣，而且更加需要融入一些浪漫情懷。夫妻間一些帶點顏色的小玩笑、肢體語言、小遊戲、調情等……都會讓情趣增加，促進性生活和諧，而性事方面的和諧更能使雙方的愛情昇華！

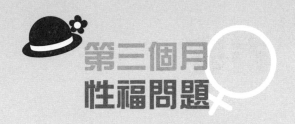
　　✓要懂得製造視覺上的刺激感，性愛尤其如此，偶爾一次的摸黑性愛，可能會帶來彼此特殊的刺激，但是如果每一次都是在黑暗中進行，就會變的毫無情趣可言。因此不妨在浪漫時刻，點上一盞燈光柔和的小燈，以達到視覺上朦朧美的效果。

　　✓對女人來說，沒有情話綿綿的性愛，會讓女人覺得枯燥無味。有些男人覺得，都已經是老夫老妻了不需要說些肉麻的話，所以每次都是直奔主題，其實女人永遠是最容易被甜言蜜語征服的動物。

　　✓你知道嗎？嘴巴在性生活裡扮演的角色，及所能引起的作用絕不可輕忽，尤其舌頭的感覺十分敏感，可不要只把它當成是吃飯、說大道理的工具，要知道，一個火辣的熱吻可以讓兩個人變得十分瘋狂。另外，香水是女人俘虜男人的工具之一，送她香水，不但她會開心的更加愛你，在床上你也會受益不少。

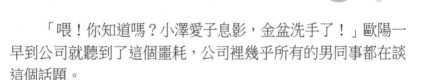

# 3 再見了，小澤愛子
## ——很想教妳的課程

　　「喂！你知道嗎？小澤愛子息影，金盆洗手了！」歐陽一早到公司就聽到了這個噩耗，公司裡幾乎所有的男同事都在談這個話題。

　　『小澤愛子』是何許人也？

　　她是日本很有名的一個 AV 女優，深受廣大亞洲男士的喜愛。她在影片中的表現向來以狂野自然著稱，最值得一提的是，她的敬業精神無人能敵，一年中竟然拍出兩百多部影片。也因此成為日本有史以來，年度發片量最多的 AV 女優。

　　歐陽對小澤愛子的感覺不錯，也一直是她的粉絲，沒想到她突然息影了，對他來說還真是個不小的打擊，「唉，AV 界又少了一個出類拔萃的人才啊！」歐陽感嘆著，旁邊的一個男同事拍了拍他的肩膀要他不要太難過，但是他自己的表情卻悲傷

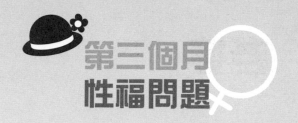

的如喪考妣似的。

　　整個上午，公司的男同事們都處在一種失落的情緒裡，女同事們都很納悶，「為什麼今天男人們都處在一片低氣壓裡？」

　　晚上，東方雨還沒回來，歐陽就打開電腦，細細回味著小澤愛子留下的經典Ａ片。一般老婆在家就要有所收斂，因為她不喜歡歐陽看Ａ片，老是說：「那些片子，多噁心啊！」歐陽多次想給老婆上性教育課，可是老婆卻拒絕接受「污染」，這讓歐陽覺得老婆也挺沒情趣的，有時慾望無法得到滿足，就只能看Ａ來填補一下空虛的肉體和心靈。可是，現在連喜歡的女優也離開了……

　　也許是白天太過鬱悶，這天夜裡，歐陽顯得十分勇猛。做愛也是男人的一種減壓方式。東方雨雖然每次都說不喜歡那些奇奇怪怪的招式，但其實心裡還是喜歡的，只是她怕歐陽把自己當蕩婦，才努力的維持著自己的淑女形象，即使在床上她也不敢太狂放。而歐陽不知道的是，平時東方雨私底下也會自慰，也會看些黃色小說。

### ☺解密頻道

　　猛男固然受歡迎，但是夫妻生活也少不了溫柔，一個只顧

自己享受的男人，是無法讓女人真正得到滿足的。在床上，男人最大的成就感，就是讓自己的女人得到高潮。

### ☞妙招指點

#### 女人的性祕密

你必須瞭解妻子的身體密碼，哪裡是她的敏感帶？什麼姿勢她最舒服？這些知識不能光從Ａ片及書籍上獲取，是要在每次做愛中慢慢發現的。

#### 女人也會自慰

由於傳統思想的殘留，很多人還是認為，女人在性生活中是應該處在被動的地位，她們的慾望和快感也都不會比男人強烈。但是事實卻並不是這樣，女人的性敏感度往往要強過男人，男人自慰被看作是一種正常的生理行為。相反的，如果女人自慰就會被說成是個蕩婦。但事實上女人也會自慰，還更容易在自慰中達到高潮。所以，和你的妻子聊聊她的敏感地帶在哪吧，她自己十分清楚，只是羞於告訴你而已。

# 第四個月

# 私房錢！

老婆
跟你想的不一樣

# 1 財政大權爭奪戰
## ——『局部』財產自主權

　　「錢！」一向是歐陽最羞於啟齒的東西，這並不是因為他的收入太低，而是家裡的財政大權都掌握在老婆的手裡，所以歐陽的囊中總是羞澀的。

　　口袋裡沒錢的歐陽，最怕的就是同學、同事之間的聚會應酬，提前預約的還好，他可以死皮賴臉的和老婆討點交際應酬費，但計劃之外的邀約總是有的，有時候大家興致一來，上班時就相約下班後外出小酌幾杯，比如這次就是。

　　部門的一個大專案結案了，因為取得了不錯的成績，兄弟們決定好好放鬆一下，舒緩一下幾個月來的工作壓力，約好下班之後老地方聚聚。

　　聚會地點是個名叫「上品軒」的餐廳，大家都是常客，一進門老闆就熱情招呼，把幾個人帶到了最好的位子。歐陽拖著

略顯沉重的步伐走在最後面。他心裡盤算著，今天帶的錢是否夠付這頓飯錢，不然自己恐怕又要出糗了。

心裡有鬼，就會顯得心神不定，歐陽這種不善於隱藏的單純性格就更是如此。大家在一旁侃侃而談，他則默默在角落裡算計著今天這餐的費用。

肥頭文是同事裡最善於觀察人的一個，嘴巴快跟賤也是出了名的，他見歐陽一副心不在焉的樣子，就已經猜到了八九分，調侃的說道：「歐陽，今天是不是又不夠錢付帳了啊！哈哈哈」

歐陽被人戳中了痛處，漲紅了臉感到無地自容，沒多想的話就脫口而出：「哪有不夠？今天這攤我請客！」眾人一聽，立刻歡呼起來，紛紛讚道：「歐陽真是夠男人！」歐陽嘴上笑著，內心卻苦不堪言，完了！自己哪有錢付帳呢？真恨自己剛才幹嘛要打腫臉充胖子，逞一時口快，待會怎麼收場啊！

飯局上大家熱鬧、歡樂的舉杯慶祝，有人請客自然吃的格外 high，只有歐陽一個人笑不出來。這時手機接到一則訊息，是坐在自己對面，同事兼好友的文修傳來的。內容是：嫂子沒給錢吧，太瞭解你了，待會一起去洗手間，我借你！

真不愧是好兄弟！歐陽感激的望了文修一眼，文修裝做若無其事的沒理他。過了一會文修去洗手間，隔了一會歐陽也跟著去了。

「我說啊，你這日子過得也太窩囊了！」文修一邊遞錢給歐陽一邊說道。「你得跟嫂子談談了，這樣下去不是辦法，男人的面子可是很值錢的。你這樣遲早會被大家笑死！」

「知道了，知道了！」歐陽知道文修是一番好意，不過他的無奈，又哪是文修可以理解的呢？

經歷了驚險的一晚，歐陽下定決心一定要和老婆攤牌，正式開始爭奪家裡的財政大權，否則自己早晚會連男性的尊嚴都喪失掉！

一星期後，歐陽不但還了文修的錢，還請文修吃了頓泰式大餐。這頓飯具有劃時代的意義，它象徵著歐陽從此在經濟上，開始享有「局部」的自主權。文修很好奇，歐陽是怎樣革命成功的，但歐陽始終笑而不答，這讓文修更覺得好奇了。

### ☺解密頻道

婚後二人的財政問題，一直是很多夫妻吵架的根源，為了解決這問題，有人想出了「費用各自負擔法」，此法就是，大家賺多少花多少各自負責，兩人再也不用為財政大權爭來爭去。自從這種財政政策實施之後，得到了很大的認可，但是據觀察，真正實行這個政策的婚姻，往往難以走到最後，因為這和長久

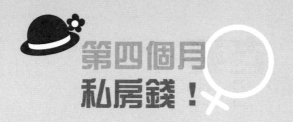

第四個月
私房錢！

以來的傳統觀念是背道而馳的。

　　傳統文化是個以男權為主的社會，提倡夫妻實行「費用各自負擔法」，這無疑對處於弱勢地位的女性或家庭主婦不公平。婚姻是需要建立在感情的基礎上的，而愛一個人也是不會計較為對方付出金錢的。

　　但是此法卻完全破壞了這種美好的感覺，讓人對愛情產生懷疑。因為當彼此對金錢斤斤計較時，很難讓人相信他們之間是彼此信任及相愛的。

### ☞妙招指點

　　✔夫妻間的感情，會因為兩人共同經歷挫折及互相扶持度過難關而加深，所以才有「相濡以沫」這麼美好的辭彙產生，而在這種狀態下，夫妻之間是應該不分彼此的。

　　✔世上有很多東西比金錢更重要，夫妻之情就是其中之一，而這種感情需要一種無私奉獻的精神，而彼此之間的無私奉獻才能讓人相信，他們是互相信任及相愛的。

老婆
跟你想的不一樣

**2**

*Wife is different from what you think*

# 家庭主婦真累人

——你愛獨立自主的女性？
還是小鳥依人的女人？

忙了一天，經歷了下班時段壯觀人潮，坐捷運時像個沙丁魚一樣被擠來擠去，此時站在家門口的歐陽已經是滿身汗臭且疲憊不堪了。他最希望的就是能夠舒服的泡個熱水澡，吃頓可口的晚餐。但是這是不可能的，因為老婆也要上班，這一切只能靠夢中的仙女去幫忙實現了。

他苦笑了一下開門進屋，眼前的景象讓他差點把眼珠瞪出來。客廳的桌上已經擺滿了一桌熱騰騰的晚餐，整個房子裡充滿了紅燒肉的香氣。

是在做夢吧？歐陽朝自己臉上打了一巴掌「好痛！」看來這一切是真的。

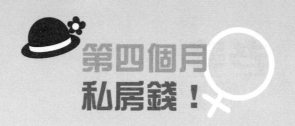
「老公，你回來啦！」東方雨的聲音從廚房傳出來。

她上班的地方比歐陽遠，平時都比歐陽回家的時間還要晚，今天是怎麼了？廚房裡東方雨在忙著煮湯，身上穿著一件有淡粉色兔子圖案的圍裙，樣子真是可愛極了。

「我的新圍裙好看吧？」東方雨自豪的轉了個圈，「我回家時買的，老公，我以後都能做飯給你吃了，開心嗎？」

「你不用上班了嗎？」歐陽疑惑的問道。

「明天開始就不用去了，我把老闆開除了！」東方雨一邊切菜一邊說，然後忽然抬頭張著大大的眼睛，可憐兮兮的問：「老公，你不會不想養我吧……」

「怎麼會？當然養啊！」嘴巴是這樣說，但是歐陽心裡卻不是這樣想的，雖然他很想每天過著這種，有人在家等待自己的日子，但是他們的經濟能力有限，如果老婆真的做了全職主婦，單靠自己的薪水養家好像太吃力了些。

就這樣，東方雨從一個OL搖身一變，成了一個全職主婦。剛開始這種生活充滿了新鮮感，做完家務她就約朋友逛逛街、喝喝茶，但是時間一長，朋友也各有各的忙，不能經常出來陪她，寂寞的家庭生活讓她感到越來越無聊，有時甚至打電話去歐陽的公司，在他工作的時候要他陪自己聊天解悶。

她發現這種夢想中的生活，放在現實裡自己真的很難適

老婆
跟你想的不一樣

應。於是，在當了全職主婦的第二十天後，東方雨再度重新回到了職場。

**◉解密頻道**

女人可分為兩大類，一是經濟獨立、思想獨立，有文化內涵的獨立自主型；另一種就是愛撒嬌、需要人照顧，獨立性不強的小鳥依人型。

男人，你想要哪種呢？

**☞妙招指點**

大多數男人都不善於回答這個問題，因為他們往往也不確定自己到底是想要什麼。經常是，得到了獨立自主的女性，但卻又覺得小鳥依人的女人也不錯。

因為獨立的女人難免會有些大女人的氣勢，凡事都喜歡做主，對控制慾強烈的男人來說，他們並無法容忍這些，當你提出一個意見，那個比你強而且還聰明好幾倍的老婆，立刻有十個八個理由反駁它。如果是兩個人私下討論還好，最怕就是這個女人控制不住情緒，在眾人前也是這麼不給老公面子。

而小鳥依人的女人，也不見得好到哪去，她們一天二十四小時，彷彿喪失了自理能力，時時刻刻要黏著你，沒有了你好像地球就不再轉動了，這樣的女人會給男人造成很大的壓力。

現代的社會，已經給每個男人造成了巨大的生存危機了，每天要疲於應付職場的勾心鬥角賺錢養家，如果回家還要事事為老婆操心的話，恐怕誰都受不了！

　　所以說，喜歡女人是哪種性格，就如青菜蘿蔔，端看男人的喜好，跟自己能承受壓力的程度。

## 3 私房錢的樂趣

### ——男人的祕密小金庫

Wife is different from what you think

　　公司做成了一個大專案，參與的人員每人發了十萬元的獎金，這讓部門每個同事都笑容滿面，男同事們商量著怎麼「揮霍」這筆錢。

　　「我早就想去中東旅遊了，感受一下異域風情，沙漠、駱駝，滋潤自己乾渴的生命！」部門裡最具浪漫主義情懷的小劉說。

　　「你去中東？那阿拉伯婦女們可就要遭殃了！」另一同事開玩笑道，然後嘆了口氣說：「我沒你單身那麼幸福，這錢還得留著給我兒子繳學費跟補習費呢。」

　　「你可真是孝子啊，我打算買把瑞士刀，最棒的那種，哈哈，早就想要了！歐陽你打算怎麼用這筆錢？不會是要回家乖乖上繳國庫吧？」綽號「三八婆」的男同事問歐陽。

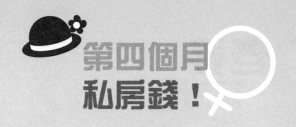

# 第四個月 私房錢！

　　「我腦袋又不是壞了，上繳給她？不用一天就被她貢獻給百貨公司了，我才沒那麼傻。」歐陽還擊道。可是事實上，如果沒有大家這番對夢想的閒聊，歐陽真的原本是打算晚上回家，就把這筆錢上交給「老婆銀行」的，現在聽大家一說，他覺得很有道理，男人嘛，應該有自己的私房錢，當然這不是為了養狐狸精、包二奶用的，但是起碼可以留著，以備自己的不時之需。

　　想想，自己的日子過的也夠可憐的，自結婚以來每個月的薪水悉數上交給老婆，老婆拿著錢快快樂樂的去百貨公司血拼，而自己想去釣魚、想開車兜風，都被她說成是浪費時間跟油錢，所以經費不予批准而無法成行。

　　有錢的生活是美好的，歐陽幻想著開著租來的跑車馳騁在郊區路上，任風吹亂自己的頭髮，一切感覺是這麼的愜意……

## ☺解密頻道

　　男人需要放鬆，而金錢能帶來這種享受。但是私房錢該藏哪呢？

## ☞妙招指點

　　✔辦公室抽屜。辦公室是老婆絕對不會踏足的地方，即使偶爾出現一兩次，也絕不會對辦公室的抽屜搜查，很多男人都

會把這裡當成自己的祕密小金庫。

需要注意的是，這個地方雖然不會被老婆發現，但也不是萬全之地，因為辦公室不排除有被偷的可能，而私房錢被偷的話，無疑是肥水流入外人田，有苦也不能說。

✓專業書籍中。小孩子背著母親藏私房錢往往喜歡用這招兒，沒想到長大了也能用在老婆身上，藏的時候要注意，你的專業書如果太多，一定要記好是藏在哪一本中了。但是也有不幸的案例，曾經有個老婆，想說老公的專業書籍都沒在看，於是搬出來全部捐給慈善機構了，可憐的老公，辛苦存了三年的私房錢全數泡湯。

✓存進銀行。基於對銀行的高度信任，一些男人也會選擇把私房錢存進銀行，不但提款卡有密碼保護，萬一卡片丟了還可以掛失，所以是個非常保險的方式。唯一需要注意的是，一定要把提款卡跟存摺藏好，否則落入老婆手裡，不但金錢盡失，說不定還會挨一頓「毒打」。

這裡有個不錯的藏匿處值得推薦，就是將提款卡藏在結婚照的相框後面，聽說這藏匿處被老婆發現的機率幾乎為零。

# 第五個月

# 生存之道

# 1 鐵耳神功
## ——左進右出的神功修練心法

　　以一般人來說，歐陽算不上是個出色優秀的男人，也沒什麼突出的成績和特質，但是卻有一個絕活是別人望塵莫及的，就是「鐵耳神功」。所謂鐵耳神功就是任憑對方如何的抱怨、訓斥，自己全都能夠充耳不聞，不會因為別人的指責而影響了自己的心情，不被庸人所擾的能耐。

　　歐陽部門的經理是一個愛囉哩囉嗦的老頭，常把整個部門的人叨唸的快崩潰。每次到這個時候，只有歐陽能夠頂的住陣腳，從經理室出來照樣談笑風生的工作。所以部門裡有很多同事都很佩服歐陽的這門絕技，三不五時就會有人來向他請教修練的祕訣。

　　歐陽抓抓頭，想一想回答道：「可能是因為我老婆的說話習慣，讓我練成的吧！」

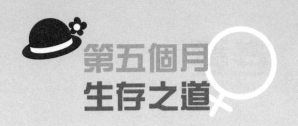
　　東方雨是個有些大女人主義的人，可能是個性太強的緣故，又恰巧碰上了一個像歐陽這種不善言語的老公，於是就更加成就了她的嘮叨本性，歐陽做任何事她都會在一旁指揮個沒完。剛開始歐陽嘴上不說，但是心裡感到很煩悶，只是到後來慢慢習慣了。

　　「歐陽，你又不是第一次出差，怎麼還不帶暈車藥！」歐陽有暈車的老毛病，結婚前出差坐車總是吐得一塌糊塗，結婚之後多了老婆的提醒，已經很少出現這種狀況了。

　　「歐陽，你該減肥了，晚上出去跑步！」一年多來，每天晚上老婆都會催促歐陽出去運動，一開始歐陽很反感，後來跑了一段時間，真的發現自己身體狀況明顯的改善，上班也沒有之前那麼疲勞了。

　　「歐陽，你該……」、「歐陽，你要……」這幾乎已經變成東方雨的口頭禪。在這些嘮叨聲中，歐陽的鐵耳功日趨精進，現在已經是刀槍不入的境界。

　　這天，幾個同事們把歐陽叫出去吃飯，想向他討教一下鐵耳功的修練方法，當歐陽道出一切功勞都該歸功於老婆時，幾個人全都瞠目結舌。

　　「我老婆也很愛嘮叨耶，可是我就會很受不了！都會和她大吵一架，可是事後又要想辦法向她賠罪道歉。老婆愛嘮叨真

的很煩！虧你還覺得是享受！」同事 A 聽完後吃驚的說道。

「我老婆也是，結婚前她是一個很文靜的女人，沒想到結婚之後話變得這麼多。我覺得我受騙上當了，我們之間吵架的導火線，通常也是因為她的嘮叨，兄弟！你是怎麼忍受你老婆的？」同事 B 說。

「是啊，竟然還覺得很享受，太不可思議了！」另一同事 C 也隨聲附和道，儘管他還沒結婚，但是顯然也預見到了自己結婚後的命運。

「不是因為你怕老婆吧！」一直沒　話的同事 D，有點鄙視地說。

聽到這兒，歐陽不但不氣反而笑了，說道：「兄弟們，是你們太不瞭解女人了。一個男人擺平一個女人最好的方法可不是用拳頭！」

歐陽這樣一說，那幾個男人你看看我，我看看你，然後都用一雙求知的眼睛望向歐陽。歐陽神祕的一笑，腦子裡浮現出了幾天前去畫廊拜會女孩的情景。

記得那天，是他被老婆嘮叨的最頭大的一次，進畫廊時，只能用垂頭喪氣來形容。經過女孩深入淺出的分析，自己才茅塞頓開。

至於那天高人還指點了什麼，就給他們透漏一二吧！

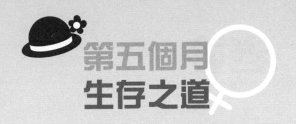

第五個月
生存之道

　　女人喜歡說話，一有開口的機會，她們總是會嘰嘰喳喳說個沒完。但是這也僅限於有機會而已。如果你仔細觀察你的女人會發現，她並不會對任何人、任何事都嘮叨不休，她只喜歡對你嘮叨而已，因為你是她最親近的人。

　　很多時候，男人並不能理解女人這種貼身關心和傾訴的渴望，因為男人是理性思考的動物，對嘮叨往往不屑一顧。但是你可能想都沒想過，其實讓自己老婆變的愛嘮叨的元兇正是自己呢！

　　女人在結婚前一般不愛嘮叨，因為她正值青春貌美，多少男人拜倒在她的石榴裙下，每天談情說愛尚且應接不暇，而男人對她也是呵護備至有求必應，她哪裡有時間嘮叨你。隨著時間的流逝，女人結婚了，花容也漸漸失色。隨著容貌的衰老，女人的自信心也隨之老去。這時，她們才開始學會了嘮叨。

　　她們嘮叨男人的生活細節，嘮叨家裡的柴米油鹽、嘮叨孩子的學習狀況……總是說個沒完沒了。終於有一天男人再也忍受不住了，於是很不耐煩的丟下一句：「妳怎麼這麼煩啊！」男人也許是無心之語，但是卻不知道這句話對女人造成了多大的傷害，害她們常在角落裡獨自哭泣。

　　男人在說話傷人之前要好好想想，女人為什麼要嘮叨？其

## 老婆
### 跟你想的不一樣

實還不是為了這個家。只要你平時對她多忍耐一點，多體貼理解一點，她的嘮叨聲絕對會越來越少的。

**☞妙招指點**

✔認真傾聽老婆的嘮叨，哪怕她說的內容你並不愛聽，或者是自己其實並沒聽去，但是一定要讓她感到你在聽，因為老婆很可能會因為自己的談話沒有被老公重視而生氣。你需要做的只是默默聽著，或者在某個地方插兩句話，她就會認為自己得到尊重了。

✔在她嘮叨時要學會忍氣吞聲。任何時候男人都需要讓女人。而這並不意味著你吃虧，雖然表面看來你是吃虧了，但是事實上你卻是佔得大便宜。因為老婆開心了，就會為你付出更多。

✔曾經有一個聰明的老公，用了一個絕招對付愛嘮叨的老婆，就是悄悄用錄音機把老婆的嘮叨內容錄了下來，然後在老婆心情好的時候放給她聽。老婆聽完也承認自己確實太嘮叨了，此後，在當她想開口時，也儘量避免嘮叨內容過長。

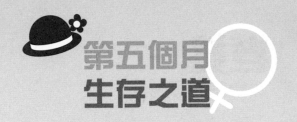
✔透過平常生活的影響，減少自己能被嘮叨的把柄。並培養老婆的獨立性，她越獨立，嘮叨聲就會越少。

✔要減少妻子嘮叨的機會，就是讓她沒有嘮叨的對象。如果真的希望耳根清靜，不妨出去走走。

✔要學會以適當的方式向妻子表達「現在，別煩我」的訊息，讓老婆明白「不要在我心情不好的時候嘮叨，那樣後果很嚴重！」

## 五月的白色恐怖
——生氣的女人難捉摸

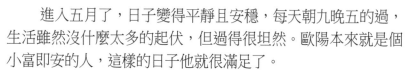

進入五月了，日子變得平靜且安穩，每天朝九晚五的過，生活雖然沒什麼太多的起伏，但過得很坦然。歐陽本來就是個小富即安的人，這樣的日子他就很滿足了。

歐陽坐在陽台上曬著太陽，東方雨在廚房裡煲湯，想著待會老婆就會把香噴噴的豬腳湯端到自己面前，歐陽覺得這種日子真是舒坦到不行。老婆比以前乖巧了許多，歐陽暗自為自己高明的馴妻之道得意，當然這一切的成就，絕不能忘了那個天大的功臣，就是畫廊裡的女孩。

「找個時間去感謝她一下吧！」歐陽想著，畢竟是因為她為自己出對策，自己才能夠坐享如此的幸福生活嘛。

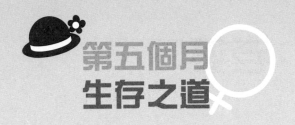
　　歐陽來到了畫廊前，手中捧著一束百合花，此行的目的，是專程來拜訪自己的軍師大人，感謝她對自己婚姻問題的指導。

　　「謝謝！」女孩接過百合後，開心的一笑，領著歐陽到客廳的沙發上坐。

　　「我這次來，是專程感謝妳的，謝謝妳多次出言相助，幫我搞定了我老婆。」歐陽真誠的感謝道。

　　「不客氣啦，幫你也等於是幫我自己啊。」女孩的態度很坦誠。

　　「幫妳？我不明白？」

　　「你現在不需要明白，你知道對大家都好就好了。」

　　「你看，我來了好幾次，還沒有問過妳的名字，我覺得自己真是沒禮貌。」歐陽每次都是有求而來，得到「開釋」之後走的也匆忙，每次都忘記問女孩她到底叫什麼，不過也或許並不是忘記了，而是自己刻意不想去問也說不定，反正他也說不清楚到底是怎麼一回事。

　　「我的名字？你真的想知道嗎？」女孩的眼神讓歐陽有些難以捉摸。

　　「是啊！」歐陽被看得有些不知所措。

　　「我叫歐陽思雨。」女孩仍舊微笑著，但目光裡卻有一絲挑釁的意味。

　　「歐陽思雨？」歐陽在嘴裡重複著，這名字好熟悉，歐陽不解的看著眼前這個女孩，彷彿她身上藏著什麼大祕密一樣。

　　「好了，時候也不早了，早點回家吧，謝謝你的花！」女孩低頭嗅了嗅旁邊的百合，起身相送。

　　回家的路上，歐陽越想越覺得這個女孩的身分真是神祕，但是究竟哪裡不對勁，又一時難以說清楚。

　　回到家已經快到午夜。

　　「歐陽朔，你去哪兒了？」歐陽剛踏進家門，就傳來老婆凶巴巴的質問聲。

　　「我、我、我沒去哪啊！」歐陽不善於撒謊，總不能說自己去見一個女孩了吧。

　　「你還騙我？小麗都看見了，你今天拿了一束百合去跟女人約會了！」東方雨張著有點泛紅得眼睛看著歐陽，顯然是剛才哭過了。

　　歐陽看到老婆這個模樣，有點嚇壞了，忙道：「老婆，不是妳想的那樣，真的不是！」

　　「你還狡辯！」

　　「啪」一個響亮的巴掌落到了歐陽的臉上，「砰」隨後是更響的一聲關門聲，東方雨已經甩門而去，留歐陽一個人在原

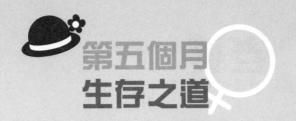
地傻呆呆的站著。

　　東方雨離開後，只剩下了空蕩蕩的房子。以往兩個人吵架，都是歐陽被趕出家門流浪一段時間，等老婆氣消了，才可以重返家門。

　　可是這次不同，這次是老婆，跑了⋯⋯

　　「五月，白色恐怖。」歐陽在日曆上寫道。

### ☺解密頻道

　　女人發火，對男人來說如同白色恐怖。當這種白色恐怖降臨時，男人往往會感到手足無措，不知道如何是好，生氣的女人對他們來說更是難以捉摸的，哄也不是不哄也不是。還有些神經大條的男人，甚至不知道自己的女人是為什麼生氣。

　　如果你的女人生氣了，不要驚慌也不要著急。她在衝著你發完脾氣後，其實心靈正也是最催弱的，她會轉身獨自哭泣，如果她不愛你，她不會為你而哭泣，所以男人要珍惜會為你流淚的女人。

　　女人生氣傷心，有時不是因為男人眼裡的那些小事，而是因為你不夠懂她和在意她，她為自己沒有得到足夠的重視而感到難過。她可能會因此而對你冷漠，你千萬不要誤以為她是不

愛你了，她只是希望你能夠去哄哄她，你需要做的只是傾聽和守候，哪怕沒有道歉，就算是一個溫暖的擁抱，就可以讓她重新展開笑顏。

### ☞妙招指點

　　✓如果老婆生氣時喜歡亂扔東西發洩，這種就是屬於喜歡無理取鬧的類型。那你能做的就是學會見風轉舵，花些心思觀察她的心情，關鍵時刻不能跟她唱反調，答應她的任何無理要求，至於是否要兌現，等她脾氣過去了，再看看！

　　✓有的女人一生氣就喜歡用花錢的方式讓自己消氣，當卡刷爆的一剎那她心情就爽了。只是這方式對男人而言，比白色恐怖還恐怖！「以後的生活怎麼辦？」。聰明的你千萬不要吝嗇，這時候，一點吝嗇也會被她記恨一輩子。最好的辦法，就是帶她去稍微廉價的購物場所買東西，這樣能讓荷包血流的少一些。

　　✓有些女人既不大吵大鬧，也不大肆消費，而是生氣了就吃東西。買一大堆東西，就這麼不知饑飽的吃下去。關心她的你，可能擔心她吃太多對身體不好，但是千萬別在此時阻止她，

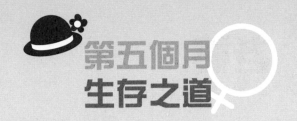
倒是可以選擇在一旁默默的為她做些事，問她還想吃什麼，她發洩完自然就會恢復正常。

✔有一種可以說是恐怖行為中的第一名，就是離家出走！女人不高興了，不吵不鬧，直接走人，對於還是愛她的男人來說，是非常嚴重的精神折磨。這個時候千萬不能反應過慢，應該立刻追上去，連哄帶騙的把她求回來。

✔另一種吵鬧已經超出了白色恐怖的警戒線，那就是自殘！女人開始耍刀弄槍的時候，你一定要眼明手快的上前攔住。因為「傷在她身，痛在你心」，萬一真的出了什麼意外，即使沒什麼法律責任，但是自己也會一生愧疚。

XOXO

# 3 男女想法大不同

## ——二人溝通方法的重要性

*Wife is different from what you think*

　　自從上次的鮮花外遇事件之後，一晃眼，五月就要過去了，可是老婆東方雨還是沒回來，這是歐陽家有史以來最長的一次家庭戰役。怎麼辦？歐陽急得像熱鍋上的螞蟻，總不能就這麼把老婆放著不管啊。

　　「真不明白這個女人是怎麼想的。話也不問清楚就給我下結論。」歐陽自己對這空蕩蕩的房間抱怨著，他打遍了所有自己所知道的老婆朋友的電話，就是找不到她人在哪裡，心裡也有些著急了，擔心她出了什麼意外。

　　兩天過去了，還是沒有東方雨的消息，歐陽有些抓狂了。原本以為她只是用離家出走這招來向自己施壓、示威，但是沒想到她是來真的，真的不回家了。

　　萬念俱灰時，歐陽想到了那個和自己同姓的思雨小姐，不

## 第五個月 生存之道

知道為什麼，歐陽覺得這個女孩一定可以幫助自己。

「去找她？適合嗎？」事情就是因她而起的，找她不太好吧？但是自己跟她是清白的啊，而且事到如今，除了她還有誰能夠幫助自己呢？前思後想後，歐陽決定還是去找歐陽思雨幫忙。

半夜時分，歐陽站在了畫廊門口，心一橫按下了門鈴。過了老半天，才聽到裡面有人答話：「誰啊？」聲音帶著濃濃的不滿味道，讓歐陽有些懷疑，自己是不是真的應該站在這裡。

「是我……」歐陽有些中氣不足的說道。

門開了，雨思穿著一身卡通睡衣，睡眼惺忪的站在歐陽面前。

「有什麼事情嗎？這麼晚了！」顯然，她對歐陽深夜造訪打擾了她的好夢而不太高興。

「我老婆不見了，我想知道妳能不能猜到她去了哪裡？」

「什麼？她不見了？」女孩立刻瞪大了雙眼，整個人清醒了起來，歐陽也沒有想到她的反應會如此劇烈，更沒想到她會對自己的老婆這麼關心。

「什麼時候不見的？為什麼不見了？」女孩急切的問道。歐陽把這幾天發生的事情一五一十的講了一遍。

「因為我？難道我的到來，擾亂了時空秩序？……妳千萬不能有事，千萬不要能有事……」女孩嘴裡小聲的咕嚕著，魂不守舍的衝進了房間，歐陽隱約聽見女孩和另一個人的對話聲音，歐陽這才意識到，原來畫廊裡一直還有別人在。

過了一會，女孩快步走了出來，面上有喜色，說道：「她在好朋友小麗家裡，你去接她吧！這次一定要好好哄她啊！」

小麗？歐陽找不到老婆，第一個想到要打電話問的人就是她，她還說「不知道」呢，沒想到人果然還是在她那兒，可是這個女孩是怎麼知道的呢，歐陽越來越覺得她的身分神祕，但是時間緊迫，不便多問，於是先告辭去接老婆。

東方雨果然一直在小麗家。經過歐陽的再三保證，東方雨對他的態度，終於從一開始的極度不信任，到變成半信半疑了，歐陽答應帶她去見思雨，這樣她就會相信他說的是真的。

折騰了幾天，歐陽覺得整個人身心俱疲，晚上充滿倦意的躺在床上，本以為老婆應該還在生氣，所以也小心的保持著距離，儘量不觸碰她的身體，但沒想到的是，剛躺下，她竟然主動地貼了過來，向他索抱。

歐陽感到此刻自己抱著的，不是一個撒嬌的老婆，而是一座活火山，火山說不定馬上就要爆發了，而自己永遠也掌握不

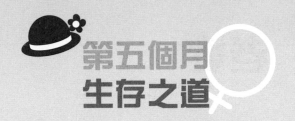

好其中的規律。

女人這東西，怎一個怪字了得……

### ☺解密頻道

同樣是人類，但是卻分成了男女兩派，而這兩派之間的微妙關係，卻好像永遠難以捉摸似的，男人不瞭解女人，女人也無法理解男人，溝通障礙究竟是出在哪裡？

語言專家研究的結論是：男女之間的溝通障礙是源於進化過程的不同。女性說話的語調有五種，而男性通常只用三種語調溝通，這就意味著女性的其餘兩種語調，是男人無法理解的。

除了語調方面的差異，男女的溝通方式也有所不同，男人在遇到問題時喜歡直來直往的說出來，而女人則比較重視感覺。男人認為把問題說出來才能解決問題，女人在此時卻往往會選擇沉默和忍耐著去維繫一段關係。

以「抱怨」這點來說，男人容易對女人的抱怨有錯誤的理解，男人認為直接找方法解決才是重要的。而女人則喜歡把男人的抱怨，當成是開始他不愛自己了的前兆。

男女雙方的溝通非常重要，因為相愛而最後卻分開的例子並不少見，男人想要擁有一個完美的婚姻就要花一些時間去瞭解女人的想法。記住，真正的愛情多少會有點累人的，也因此，

老婆
跟你想的不一樣

當她不再注意你一言一行的時候，也就是她不愛你了。

☞妙招指點

✔聽你所愛的女人說話時，不能只注重在傾聽的內容上，而是要傾聽出她的感受。例如女人有時候向你抱怨工作累加班時間長⋯⋯其實這只是希望引起你的心疼而已，她不需要你給她「累就換一份工作」或者其它具體的建議，她所需要的只是一個可以讓她靠著傾訴和得到安慰的肩膀而已。

✔女人拒絕的時候，有時並不是真的拒絕，仔細的觀察她的面部表情和身體語言就能辨出真偽。

✔女人開始對你抱怨之時，不要以為她是真的不滿，她只是對這份感情傾注了太多，希望你能更加珍惜她。

✔如果女人的心裡真正認為和你玩完了時，她會從身體到心裡對你有一種由衷的抗拒，這時候為了男人的尊嚴，也不用再去糾纏她，轉身離開最瀟灑。

老婆
跟你想的不一樣

*Wife* is different from what you think

第六個月

# 朋友圈

# 1 給個面子吧

*Wife is different from what you think*

—— 朋友、老婆掉下水，
先救誰？

　　早上上班買一份《NEW MAN》日報在捷運裡看，是歐陽每天的習慣。而今天的封面話題很有意思，「兄弟和女人，你要哪個？」裡面一篇文章這樣寫道：

　　老婆問老公的一個很經典的問題：『假如我和你媽同時掉到了河裡，你先救誰？』

　　這個問題之所以經典就在於怎麼回答都不是，說救老婆嘛，老婆固然開心，心裡還是會覺得你不孝順。救老媽嘛，老婆一定會生氣，覺得在你心中沒地位。

　　現代夫妻多數都是過無人打擾的兩人世界。兇神惡煞的婆

婆，很少有機會和媳婦來爭搶兒子，於是這個問題有了進化版本，就是：假如我和你兄弟同時掉到了河裡，你先救誰？

　　這個問題也讓歐陽思考著，可是還沒想出解答，就因為捷運已到站必須趕緊下車而沒空去想答案。「哈哈，我老婆才沒這麼無聊呢！」歐陽心裡是這樣覺得，老婆絕對不會問這種幼稚又可笑的問題啦。但是他這次又想錯了。

　　「老公，如果有一天我和 David 一起掉到了河裡，你會救誰？」睡前東方雨看著歐陽無比認真地問道，David 是歐陽朋友裡唯一一個不會游泳的。

　　「這個嘛，當然是救你啊。」識時務者為俊傑，歐陽一向自詡為俊傑，俊傑當然要說一些識時務的話了。

　　東方雨聽後很滿意的微笑點了點頭說：「好，那以後你晚上不准再扔我一個人在家，自己和那些兄弟們出去玩哦。」

　　「啊？！」歐陽聽後驚訝的眼睛瞪得老大，而東方雨因為滿意老公的回答，所以早在一旁睡著了。

　　歐陽從小就生活在這個城市，所以在這裡有不少的兄弟朋友，要跟大家不聚會見面是一件根本不可能的事，為了解決老婆和朋友之間的關係，歐陽想盡了辦法討好老婆，最後終於說服了她和自己一起參加朋友的聚會。

　　如果歐陽能預見後來大家聚會情形的話，他會選擇讓自己

乖乖的待在家裡陪東方雨，因為這是一次讓大家都掃興的聚會。

東方雨向來不喜歡歐陽的這群朋友，她認為他們是一群狐群狗黨，不值得打交道。所以跟歐陽從談戀愛到結婚都這麼久的時間了，她還是跟歐陽的朋友們很不熟，有的甚至一次都沒見過。朋友們也以為是歐陽金屋藏嬌，不願把愛妻示人，所以這次倒是大家第一次正式見面。大家約好了在經常去的一家酒吧見面，可是卻遲遲不見東方雨的到來，歐陽打了幾個電話，她都說正在加班，而且最後也沒露面。朋友們雖然嘴上沒說什麼，但是心裡都對這個嫂子的印象不佳。

❀

晚上歐陽回到家，看到東方雨正坐在沙發上邊吃零食邊看電視，顯然她已經早就到家。

「妳什麼時候回來的？」歐陽有些微怒的問道。

「早就回來了啊。」東方雨聚精會神的看著電視，對歐陽問的問題愛理不理的回答，這下歐陽更加生氣了。

「妳回來了，為什麼不去參加聚會？」怒火已經快燒到歐陽的頭頂上了。

「我幹嘛要去陪他們，我不喜歡，所以找藉口推掉了，以後你也不許去。」

歐陽正想對她大吼一番，東方雨卻捂著肚子喊疼的跑到廁

**☺解密頻道**

　　有句已經被人流傳了幾千年的名言就是：「英雄難過美人關！」自古以來，女人的魅力就是巨大的，尤其是美女！多少兄弟反目，父子成仇都是由女人而起，所謂「紅顏禍水」也就是如此吧，但是即便是這樣，又有那個男人能逃過美人手掌心呢？

　　面對女人和兄弟的抉擇，讓很多男人都覺得，這是手心肉和手背肉之爭，捨棄哪個都會心疼。於是你開始想，為什麼這個女人就這麼不懂事？怎麼就和自己的兄弟相處不來呢？女人真奇怪，為什麼自己一和兄弟在一起，她們就開始找碴。

　　女人是個愛吃醋的動物，她們不但會吃女人的醋，同時還會吃男人的醋！尤其是結婚之後，女人全部身心都投入到家庭之中，這個時候如果男人不在身邊，她自然會覺得寂寞。當男人外出聚會時，她們就會把這筆怨帳算到男人的朋友身上。所以男人小心了，不要忽視女人的醋勁，說話要委婉，要懂得保護自己的兄弟哦！

老婆
跟你想的不一樣

✔調教自己的女人懂禮貌，告訴她，在家可以對自己大聲，但是在外面要懂得尊重老公，要表現的溫柔體貼給你面子。當然，美人恩不是白受的，她按照你說的去做了，你要懂得讚美她，三不五時的給她買些小禮物，她會開心的什麼都聽你的。

✔平時要讓她明白，你和朋友之間的感情是很深厚的，但這種友誼並不影響你們夫妻之間的感情。為了要讓她知道情況真的是如此，要多製造機會讓她和你的朋友們成為朋友。不過也有些女人太外向，老公不擔心她會和自己的朋友們不熟，而是擔心她和他們太熟，這時要提醒她，言行舉止要有分寸！

✔關心女人並不只是照顧她的食衣住行就好，要幫她培養如何與人應對的禮儀，告訴她在人前，什麼可以說什麼不可以說，「羅馬不是一天造成的」，所以培養一個儀態端莊的女人也不是一天的功夫，平常就要多加訓練。

## 2 她一點都不好

——為了喝牛奶養一頭牛？

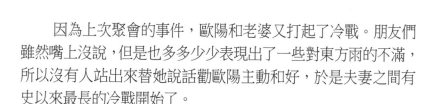

　　因為上次聚會的事件，歐陽和老婆又打起了冷戰。朋友們雖然嘴上沒說，但是也多多少少表現出了一些對東方雨的不滿，所以沒有人站出來替她說話勸歐陽主動和好，於是夫妻之間有史以來最長的冷戰開始了。

　　歐陽索性就在一個大學同學家住下了，一晃眼一個月就過去了。如果是以前，歐陽一定會想辦法去哄老婆，死皮賴臉的想鑽進家門去。但是這次不同，歐陽對東方雨的諸多不滿及一直以來的積怨，似乎全在這一次爆發了。

　　夫妻吵架，兩人都正在氣頭上時，腦子裡只會湧現出對方的很多不是，歐陽此刻腦子裡想起的，都是東方雨有多麼自私、任性、自我為中心。「這個女人簡直糟糕透了！真不知道我當

初為什麼要娶她。」

越想越不滿，也越想越生氣，一個念頭逐漸在歐陽的腦子裡形成，「離婚！」既然無法相處幹嘛不乾脆離婚算了？歐陽把自己的念頭和朋友說了後，朋友們卻一致反對。

「雖然你老婆很不懂事，但是畢竟已經結婚了，你就將就著過吧，女人還不都是那樣，換一個也差不多！」歐陽一個離婚又再婚的朋友，感慨良多的說道。

「我覺得也是，離婚可不是一個小問題，還牽扯到兩個家庭，對雙方家長還要有個交代，你要仔細的想清楚。」歐陽一向信服的老大哥說道。

「你可不要一時衝動啊，想想你們當初結婚時是多麼幸福。曾經也許過一生一世的承諾，你怎麼就這麼輕易放棄了。多想想你們之間經歷的美好吧！」歐陽的一個女性朋友勸道。

經朋友一勸，歐陽的心情也漸漸平復下來了，試著撥老婆的手機卻總是沒人接，歐陽原本氣憤的心情轉而變成擔心，他這才發現自己還是很在乎老婆的。

隔天，歐陽到東方雨的公司去找她，公司同事見到他很驚訝的說：「她休假了啊！你不知道？她請了一個月的假不是和你一起去旅行嗎？」歐陽只能解釋因為他們鬧了點小彆扭，所以……，然後才悻悻然的離開了公司。

看來東方雨這次也是來真的了，事態要比他想的嚴重的多。

已經找了好幾天，歐陽問遍了東方雨的所有朋友，結果大家都說不知道她去哪了。歐陽甚至去拜訪了岳母家，還是一無所獲，反而還讓老人家擔心了。

垂頭喪氣的走在路上，看著繁華的街景，人群熙熙攘攘，卻不知道老婆到底在哪裡，一種無力感蔓延至歐陽的全身。正在他感到無比絕望的時候，忽然肩膀被人重重的拍了一下，歐陽嚇一跳的回頭一看，身後站著一個身形嬌小的女孩，穿一身粉紅色的運動裝，衣服上的數字很大，更顯得她身軀玲瓏。頭上戴著一頂大大的同色系鴨舌帽，看起來清新可愛極了。

「是……妳拍我嗎？」歐陽不太自信的問女孩。

「是啊，怎麼，不認識我啦？」女孩緩緩的抬起頭露出藏在鴨舌帽子下的臉蛋，正是畫廊女孩歐陽思雨。

「啊？！是妳？妳怎麼在這裡？」歐陽張大了嘴巴吃驚的說。他似乎從沒想到過自己和思雨能夠在畫廊之外見面。

「沒想到吧，說是緣分你相不相信？」思雨笑盈盈的問。

歐陽搖了搖頭，又點了點頭，也不知道該不該相信。

「我是專程來找你的，你在找老婆吧，記得明天九點去機

場接她，她去中國了。」思雨不理會還處在癡呆狀態的歐陽，說完就轉身便走。

走了兩步，她忽然轉過頭來又加了一句：「對了，她懷孕了，你考慮清楚，一定要讓她把孩子生下來。」

### ☺解密頻道

在男人眼裡，女人是最善變的動物，她們有美麗光鮮的時候，也有邋遢醜陋的時候，愛的時候一切都是美的，不愛的時候一丁點的錯誤也難以忍受。所謂「情人眼裡出西施」，只是，當感情淡了西施也就變成東施，她的美麗在你眼中也蕩然無存了。

沒有了愛，曾經是眼中的優點，現在怎麼看怎麼討厭，本來在你眼裡覺得的刁蠻可愛，現在變成野蠻任性，原本可以容忍她的小脾氣，現在變成不可原諒的性格。

「她一點都不好！」與其在心裡抱怨，不如用實際的行動來改變現狀吧，畢竟米已成炊，要分開談何容易啊。離婚對夫妻雙方的傷害都是無法彌補的，改變她才是可行的方法。

要知道女人在跟你鬧脾氣的時候，並不是真的想要分手，通常女人對感情總比男人執著，善加調教自己的女人，不但會讓婚姻生活更加和諧，還會更讓女人死心塌地。

男人們！為了自己的幸福趕快行動起來吧！有些事你要讓她知道。

**☞妙招指點**

✔讓她知道，你不喜歡她拿你和別的男人來比較。在你面前說別的男人好，數落你沒上進心，只會破壞你們之間的感情。讓她明白讚賞和鼓勵，才能使你有前進的動力。

✔如果她愛你，那麼她就會為你改變。人在生病時是最脆弱的時候，而此時正是引發出她母性特質的最佳時刻。如果你身體健康，就假裝自己生病，讓平時嬌生慣養的她來照顧你，幾天下來她就會懂得平時你的辛苦，會變得懂事不少。

✔告訴她，男人的面子很重要，不論自己私下裡是多麼寵她多麼縱容她，但是在外人面前她一定要給你面子。

# 3 我能想到最浪漫的事
## ——要一起守護的「寶貝」

　　她懷孕了！

　　歐陽幾乎徹夜未眠的想著這問題。對於「當爸爸」的這個念頭，他也不是沒想過，但是要為人父母是件人生大事，有了孩子責任就大了，所以他和老婆兩個人遲遲未做好心理準備。現在這一切來的太突然，他覺得自己還無法接受。

　　早上五點鐘，他就迫不及待的打電話給媽媽，也許是想告訴她這個好消息，也或許是想向媽媽尋求一些精神支持。

　　「阿朔啊，怎麼這麼早啊。」電話那邊傳來母親的聲音，聲音有些含糊，看來是被吵醒了。

　　「媽，小雨懷孕了。」歐陽開門見山的說。

　　「什麼！」母親的聲音立刻高了八度，瞬間由迷糊狀態中

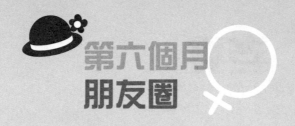

清醒了過來。「什麼時候的事,孩子多大了?」

「呃,還不清楚。我和小雨吵架了,她人我還沒見到呢。」歐陽心虛的說。

「這種時候你還和她吵架!你知不知道這樣對孩子很不好,如果將來孩子有什麼差錯,我唯你是問!」母親有些憤怒的在電話那頭吼道,歐陽知道母親一直在等著抱孫子。

「媽,你覺得這個孩子真的要生下來嗎?」歐陽鼓起勇氣說出自己心中的不安。

「為什麼不能生?」母親的聲音充滿了不解。

「媽,我們兩個人現在工作都不穩定,無法給孩子很好的環境,您想,萬一孩子長大了,覺得我們虧待了他,怨我們生下他怎麼辦啊?」歐陽說出了他們夫妻遲遲不願生小孩的原因。

母親在電話那頭沉默了一會說:「阿朔,你想的不是沒有道理,但是我問你,你有沒有後悔媽媽生下你呢?」

「沒有!」歐陽堅定的回答道。歐陽的家庭雖然不富裕,但是歐陽認為自己很快樂,因為家庭的和諧,以及父母對他的愛,讓他覺得自己一直幸福的成長著。

「阿朔,你要相信,我和你父親能做到的,你和小雨也能做到,只要你們是努力生活的,相信孩子會理解你們的。有小孩的家庭才是完整的啊。」

# 老婆
## 跟你想的不一樣

✿

　　站在接機門前的歐陽，腦子裡迴盪著母親早上說的話，機場廣播裡小姐甜美的聲音，說著自杭州的飛機已經抵達，不一會，乘客就陸續出來了，歐陽的目光尋著人潮，看到了神色有些黯然的東方雨，她的臉色很不好，而且還瘦了些，想來是受了懷孕的影響所以才會這樣，歐陽看著不免有些心疼。

　　看見歐陽的東方雨表情有些複雜，在她潛意識的希望中，是期待歐陽能夠出現在機場的，但是由於還在吵架，而她也拉不下臉去找歐陽，所以想在機場見到歐陽來接自己是件根本不可能的事情，沒想到居然見到他了。

　　歐陽迎上去，抱住了東方雨，東方雨繃緊的神經一下子放鬆了下來，這麼多天來的壓力，一下子得到了釋放，眼淚也不由自主的流了下來。

　　回家的路上，他們沒有說很多話，手卻一直緊緊的牽著，經歷了離別之後兩人更懂得珍惜了。

　　「老婆，我們把這個孩子生下來吧！」歐陽堅定地說。

　　「你怎麼知道的？」東方雨很驚訝。

　　「生下來，好嗎？」歐陽並沒解釋，因為這並不重要，重要的是一個新生命已經成型，正在漸漸成長，身為父母的他們，應該達成共識好好守護他。

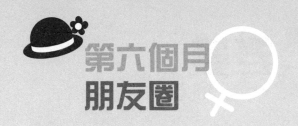

　　「可是，你知道孩子生下來要面對很多問題。」這一個月裡，東方雨曾經幾次動過想把孩子拿掉的念頭，但是都不忍心去做。

　　「老婆，我們要相信自己，相信我們可以有能力讓他健康成長。可能我不是個好老公，不懂浪漫也不會哄人，但是以後我會為了妳跟孩子努力的，我一生最幸福的事就是娶到你。」歐陽深情的說道。

　　「嗯！」東方雨緊緊的抱住了歐陽，感動的再度流下了淚水。

### ☺解密頻道

　　男人抱怨老婆越來越難被馴服，就連生個孩子都百般推拖，說是二人世界比較好！以前的女人被當成生育工具，男人想生幾個，女人就配合生幾個；現代的女性如果不想生小孩，男人就算百般哀求也不買帳。現代女人高喊著男女平等，生育自由的口號，讓想要傳宗接代的老公急的跳腳。

　　一項調查顯示，越來越多的女性不願生育，其中以白領階級的女性居多，而且在已開發國家，越是學歷高的女性，生育率往往越低。男人們本以為好不容易討個老婆回家，一切都萬事太平了，結果卻遇到了老婆不願生小孩的難題，很多夫妻還

會為了要不要生小孩的問題意見分歧，而走向分手一途，想要孩子的男人們始終不能理解的是：女人，為什麼要逃避屬於她們自己的義務？

首先，經濟的壓力是女人不願生育的一個原因。一個小生命的到來，會嚴重的影響原本夫妻間的生活品質，本來只要喜歡就買的東西，現在也要再三猶豫後，才能決定要不要買，這不得不使女人三思而後行。

其次，現在的女人越來越重視自己的事業，已婚、已生育等於是職場弱勢的代名詞，孩子是事業的終結者，面對必須付出這麼慘痛的代價，女人不再偉大，孩子也寧可不生！

身材走樣，模樣變老。也是女人不願當媽媽的一個原因，女人的美麗容顏，是她們很重視的東西，不是說犧牲就可以犧牲的。

### ☞妙招指點

✔讓女人為你生小孩可不是一件容易事，即使你已經把她娶回家了，也許仍可能需要威脅利誘才能如願。

✔愛你是一定的，如果她不愛你就不會為你生小孩，因為生育過程中，會經歷很多巨大的痛苦，沒有愛怎能挨過這一切

呢？換個角度來想，在沒有愛的環境下，孩子能夠健康成長嗎？因此對她，要努力營造愛的氛圍。

✓讓老婆多看看可愛小孩的畫面，任何女人都有潛在的母性，不論她聲稱自己多麼討厭小孩，但是通常面對乖巧可愛的孩子，還是沒有抵抗能力的。

✓在預期老婆不會有太大的反應下，可以試著偷偷的把她的避孕藥換掉。如果她肚子裡有了寶寶，基本上，她的想法都會改變的。

✓耐心的和老婆溝通，瞭解她為什麼不願意生小孩，是對你不夠信任？還是怕疼？擔心身材走樣？這些問題都可以解決。作為丈夫的你，應該用更多的愛去包容她，讓她有十足的安全感，才能無後顧之憂的孕育生命。

很多年輕人對於自己的身體並不瞭解，由於對身體的無知等……很多原因，錯過了一早發現懷孕的時機。如果孩子不能生，那麼越早流產對女人身體的傷害越小。

# 老婆不跟你想的一樣

# 第七個月

# 減肥

# 瘦下來的成就感

## ——愛，就是陪她一起運動

　　減肥！在醫生的論點上來說，方法只有兩個：一是少吃，二是多運動。這點，對減肥研究已久的東方雨來說不可能參不透。但因為知道自己是個懶惰的人，所以向來總是採用節食減肥的方法。

　　老婆減肥，間接受害的就是她們的先生，試想一個心血來潮要節食的老婆，怎有心情幫老公做上一桌美食來虐待自己？多數情況下，她們會草草了事應付，或者乾脆拉上老公陪自己一起餓肚子。

　　東方雨結婚後雖稍有發福，但身型並不在胖女人之列。可是她自己卻不這麼認為，她日日把減肥掛在嘴邊，恨不得能用刀削掉身上的贅肉，為了減肥做出諸多犧牲都心甘情願。歐陽

## 第七個月
## 減肥

對此一直無可奈何。但是只要想到，「女人嘛，總有些毛病是男人理解不了的」，氣就稍稍消減一些。

　　每天早上起來，她做的第一件事就是先量自己的體重，這已經成了她的習慣，還聲稱自己：「臉可以不洗，牙可以不刷，飯可以不吃，但是不可以不秤體重！」婚前，女人的這些變態習慣，在男人眼裡看起來算是俏皮可愛，可是婚後，當這些習慣影響到自己生活了，就變得無法忍受。

　　「為什麼一定要減肥呢？你現在的樣子也很好看啊！」歐陽曾經多次溫柔的抗議道。

　　「你現在說的好聽，真的等我肥的像母豬一樣，你還會有興趣嗎？我減肥也是為了你。」老公的抗議被駁回，老婆依然故我的執行著減肥計劃。

　　歐陽本以為老婆懷孕後，會為了寶寶而過正常一點的生活，放棄那些自虐的減肥計劃，但是他沒想到東方雨反而變本加厲了。

　　「老公你說，我生了小孩之後會不會變得很胖啊，有些孕婦懷孕期間肥死了，生完後卻怎麼都瘦不下來，要是會那樣，我就不想生了。」東方雨擔憂的說，

　　「老婆，身材還是可以恢復的，況且我覺得妳不是屬於那種肥胖體質，妳看，都懷孕兩個月了，妳都沒有發胖不是嗎，

不要想太多，安心養胎，不論妳變成什麼樣我都喜歡！」說完，溫柔的把東方雨摟在懷裡。

「可是……」東方雨伏在歐陽胸口上的臉，依然顯現著不安。

這天早上東方雨心情很好的樣子，做了一桌豐盛的早餐等著歐陽起床。歐陽見此情景，以為老婆終於有所頓悟，開始安心安胎了。誰知東方雨坐在對面，笑盈盈的看著歐陽說：「老公，我昨晚在網上看到一則新聞，說是有個英國婦女生孩子之後努力減肥，也由一個一百公斤大胖子，變成了五十公斤的窈窕淑女。所以我覺得我還是有希望的。」

歐陽嘆了口氣，覺得老婆簡直是無藥可救了，但是幫助她糾正這種錯誤觀念，也是自己作為丈夫的責任，但是要怎麼做才好呢？

歐陽想起，自己有一個女性友人曾經很熱中減肥，現在倒是沒那麼積極了，可是也沒見她復胖，姿態上反倒是顯現出少婦的風情萬種來，不知道她的心理是怎麼轉變的，於是決定打電話給她，討教一下。

「很多女人減肥原因是為了男人，所以解鈴還需繫鈴人，如果她覺得減肥對你來說意義不大，她自然就沒有那麼熱中了。

第七個月
減肥

你可以這樣和她說……」

☺解密頻道

　　女人減肥多數是為了漂亮，少數人才是為了健康而減肥。

　　俗話說：「士為知己者死，女為悅己者容。」女人漂亮是為了給誰看的？還不就是男人。

　　對女人來說，瘦身不單是一種行動的實踐，更是一種心理儀式。偉大的心理學家佛洛伊德曾經說過：人類大多數的行為都與性慾望有關，尤其身體行為更是如此。老婆一天到晚把減肥掛在嘴邊，男人不應該嗤之以鼻，因為她這樣做，很可能是為了讓你能夠更加愛她。

　　有些女人根本不算肥胖，但是突然之間，卻對飲食發生了興趣開始變胖。而男人通常也只認為，女人到了一定年紀，本來就會開始發胖嘛，所以也沒多加注意，其實事實未必如此。男人喜歡借酒澆愁，來發洩自己的慾望和不滿。女人和男人不同，女人在生活和感情上遇到挫折時，會選擇用「吃」來發洩自己的情緒，彌補心靈上的空虛。如果你的老婆開始變得暴飲暴食，身為男人的你要反省一下，近來是否對她關心不夠了？

　　女人減肥適度就好，男人其實不喜歡骨瘦如柴的女人，這是很多女人所不瞭解的，只覺得自己越瘦越好。適度的豐腴有

助於性生活的和諧，男人應該把自己的喜好表達給妻子知道，防止她形成錯誤的減肥觀念，如果老婆實在太胖了，老公要做的應該是正確的引導她健康減肥，而不是讓她一味的採用自虐減肥。

### ☞妙招指點

✔永遠把她的健康放在第一位，而不是她的體重。肥胖對她身體的影響應該是你最關心的，你擔心她生病，應該勝過於擔心她穿一件香奈兒衣服是否好看。

✔和老婆一起戰鬥，而不是讓她自己孤軍奮戰。運動減肥是最健康的減肥方式，但是對於好吃懶做型的老婆來說，運動是最難維持下去一種減肥法，這時候陪她一起做運動，一起登山、游泳或騎腳踏車，因為有你的相陪，她會覺得減肥這件苦差事變的有意思。

✔陪她一起去超級市場採購。愛吃的她，總是沒辦法抗拒那些垃圾食物的誘惑，所以要幫助她把那些垃圾食物拿出購物車。

## 第七個月
## 減肥

　　✔她節食減肥，不但傷胃，還容易情緒反彈。為了改掉她的這個惡習，你要做個好男人，晚上為她做個好吃營養熱量又低的晚餐，她一定感動的瘦下去。

　　✔老婆都是節省的，想減肥卻捨不得花錢，又缺乏自制能力，所以你可以私下先給她買好減肥課程。花了錢的東西，她會捨不得不去。

　　✔她不能吃的東西，你要學會體貼，即使自己很想吃，也要忍住不當著她的面吃，如果在她面前大吃大喝的話，這對她的減肥計劃無疑是致命性的打擊。

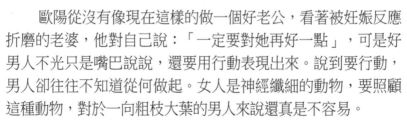

## 2 補藥的意義

——愛，就是照顧她的身體

歐陽從沒有像現在這樣的做一個好老公，看著被妊娠反應折磨的老婆，他對自己說：「一定要對她再好一點」，可是好男人不光只是嘴巴說說，還要用行動表現出來。說到要行動，男人卻往往不知道從何做起。女人是神經纖細的動物，要照顧這種動物，對於一向粗枝大葉的男人來說還真是不容易。

歐陽正為這事，坐在自己的座位上發愁，手機忽然響了起來，看了一下來電號碼，覺得這組號碼非常陌生。

歐陽按了接聽鍵，對面傳來了熟悉的女聲：「近來可好啊，歐陽先生？」聲音甜美輕柔，這是……

「是思雨吧？」歐陽試探著問了一下，他認識的女性有限，所以快速的在腦中搜索排除了一遍後，只剩下這個女孩最有可

## 第七個月 減肥

能。

「猜對了！」女孩聽起來很高興，「為了獎勵你，送個禮物給你！今天下班後，你到台北捷運站的二號儲物櫃去拿，密碼是一二一二，別忘記了哦！」

「禮物？不必送我禮物啦，我還應該要謝妳才對啊！」這女孩的個性真奇怪，雖然都是在幫自己，但是做事的風格都讓人摸不著頭緒，也常不按牌理出牌，這種行事方式，更為她增添了一層濃重的神祕色彩。比如這次，她是怎麼知道自己的電話的，歐陽不記得自己有告訴過她……算了，不想了！她一直在幫忙自己，而且從她身上，歐陽感覺不到一絲的惡意，言多必失，還是不問的好。

「你老婆最近身體怎麼樣？」歐陽感到電話那頭的關心，她的語氣認真了很多，不像先前那般調侃了。

「哦，還好。只是妊娠反應比較強烈，多謝妳的關心，上次真的謝謝妳，如果沒有妳的幫助，我們可能現在還不會和好呢。我跟她說了，她說有空想要當面謝謝妳！」歐陽把事情的來龍去脈跟東方雨講過一遍了，東方雨也對這個神祕的女孩很好奇，完全沒了之前的敵意。

「好啊，有機會再說吧，晚上不要忘記去拿禮物哦，拜拜！」歐陽還想說什麼，對方已經掛了電話，聽筒裡只剩下斷

線的嘟嘟聲。

　　下班時間一到，歐陽就拎起公事包準備走人了。上司知道歐陽老婆最近剛剛懷孕，所以也沒有說什麼，要是往常，一定會把他留下一起加班。那些留下必須加班的同事，無不羨慕的目送著歐陽離去，恨不得自家老婆的肚子也早點大起來。歐陽明白他們心中所想，只是暗自苦笑一下，你們還真不知道照顧一個懷孕的女人，要比加班還累的多啊。

　　歐陽按照思雨在電話中的指示，來到了台北捷運站。這個站口，離歐陽家很近，他對這裡也算熟悉，很快就找到了二號儲物櫃。打開櫃門之前，他有些莫名的緊張和激動，心裡一直猜測思雨到底要給自己什麼東西？當他輸入一二一二的密碼時，櫃門「砰」的一聲彈開了，一個紅色包裹安靜的躺在裡面。

　　歐陽伸手取出並打開包裹，發現裡面有個小盒子和一本書，書裝訂的很精美，書名叫做《完美老公需要知道的那些事》，歐陽一看書名就有一種如獲至寶的感覺，這不是自己夢寐以求的東西嗎？就是不知道內容寫的如何。

　　另一個小盒子製作十分考究，看不見裡面的東西。歐陽慢慢的打開了盒子，盒子裡躺著一朵紅色的花，花開的非常漂亮，歐陽以前從未見過如此品種，花的莖部插在一種透明的液體中，

想是有保鮮的作用。

這是做什麼用的？歐陽正納悶著，忽然看到盒蓋的內側有一行字：極地紅蓮，補身聖品，價值連城，妥善保存。

極地紅蓮？怎麼以前都沒聽過？自己只聽過天山雪蓮。可是如果真是這麼名貴，那思雨為什麼要送給自己？歐陽越想越糊塗。

不過那本書倒真是個好東西！歐陽翻了翻，書中說，一個極品好老公一定是個瞭解女人的男人，這種瞭解又分心理和生理兩方面。還好這本書的內容簡單易懂，剛好適合自己這種人看，於是決定回去好好研讀。

### ☺解密頻道

女人與男人不同，她們的柔弱不但表現在心理上，同樣也發揮在生理上。女人一生有幾個特殊時期，這幾個時期女人的身體特別虛弱，很需要男人的關愛，作為一個體貼的老公，是不能不知道這些的。

在這些特殊時期，應該做什麼，不應該做什麼，應該吃什麼，不應該吃什麼，是一個體貼老公必備的知識，因為處於身體脆弱期的女人格外容易感動，試問一個比她自己更瞭解自己的男人，要她怎麼離得開呢？

老婆
跟你想的不一樣

✔女人每個月月經來潮時，容易因失血而導致疲勞精神不振。男人在這幾天要少讓老婆操勞，如果能幫她分擔些家務，她會對你感激不盡的。

✔女人愛漂亮，男人更愛漂亮的老婆。閒暇之餘，幫老婆煮個美容湯是不錯的選擇。補血功效的桂圓燉雞、黑木耳紅棗湯等都是不錯的選擇，如果你不知道該怎麼煮，書店的烹飪書籍可以幫你。

✔如果自己不擅長下廚，可以買些市售的補藥來幫老婆補血氣。但是需要注意的是，選購時不能盲目的看廣告，還要瞭解藥物的成分，儘量多買保健食品，少買藥物類補品，循序漸進的幫她溫和進補。

✔很多女性在月經來潮前及第一天時都會肚子痛。身為男人的你，可能永遠都無法體會那是一種什麼樣的感覺，但是你只要知道她真的很痛就是了。她疼的厲害時，你在一旁溫柔的抱住她，用你溫暖的手掌蓋住她的小腹，這樣做，從身體和心理上都會減輕她的疼痛。

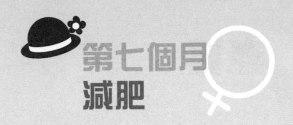
XOXO

# ③ 責任劃分

## ——愛，就是分擔她的家事

　　忙碌了一天，歐陽疲憊的栽倒在床上，細數一下這一天發生的倒楣事，究竟是什麼讓自己如此疲累？一大早起來做早飯，哄著東方雨吃飯；這幾天太累了，上班不小心竟然打了個盹，還而很倒楣的被經理發現而被痛罵了一頓；晚上回家還要趕快去超市買菜做飯……

　　「歐陽啊歐陽，你還像個男人嗎？」歐陽越想越覺得委屈，到底娶老婆是要幹嘛？這不是沒事找事嗎？總結一下問題的根源，就是老婆太不願承擔家庭責任了，每次讓她做點什麼，她就會立刻反駁道：「那是男人的事吧！才不關女人的事呢，你去做！」每次歐陽的退讓，都讓這個女人更加得寸進尺！

　　歐陽看了一眼在旁邊熟睡的東方雨，有一種很想把她踹下床的衝動，但是想到她肚子裡還有自己的骨肉，只能忍住怒氣

# 老婆
## 跟你想的不一樣

讓理智戰勝了衝動。

第二天一早，歐陽又早早的爬起來準備早餐。因為老婆想吃「永和豆漿」的油條，他不得不比平常還早十分鐘起床，穿過兩個街口去買。走到樓下剛好遇到買菜回來的何奶奶，這個老太太一向對歐陽不錯，還關心的問他：「小歐啊，你的眼圈怎麼那麼黑，是不是沒睡好啊？」

歐陽聽了有些心酸，眼淚差點沒流出來，想到何奶奶一個不關痛癢的人都能注意到自己的身體狀況很不好了，為什麼自己的老婆卻對這些視而不見？真是讓人心寒啊！「今天晚上我要罷工！」歐陽下了決心，一定要整頓家風，要有個一家之主的樣子。

與女人有關的問題，歐陽第一個想到的就是思雨，不知道為什麼，歐陽覺得思雨一定可以幫到他，也許是由於她多次的出手相助，雖然不知原因為何，但是對她總是有一種莫名的信任。

晚上下班前，歐陽打了個電話給東方雨，說是自己要加班不能回家做飯了，可以聽出她在電話那頭很不悅，歐陽哄了半

天，她才不情願的掛了電話。

加班？當然只是個藉口，歐陽是要去畫廊討教「馴妻方法」。

這個畫廊大門，彷彿永遠是為歐陽敞開的，對於歐陽的突然到來，思雨好像一點也不驚訝，桌上還已經放著兩杯沏好了的紅茶，想也是為他準備的。

「這丫頭是神仙還是什麼來著？簡直料事如神，什麼都知道的樣子。」歐陽自己暗自說著。

「今天來，是為了何事啊？」思雨善解人意的問道，歐陽看著她明亮而純淨的眸子，越發覺得這個女孩很神祕，心裡倒是有些敬畏起來，也許是這個原因，讓自己對這麼美的女孩，都不曾有一絲遐想。

「還是我和老婆的問題。最近我覺得自己已經忍耐到極限了，尤其是她懷孕之後，簡直是變本加厲的欺負我，我是個男人，不是供她使喚的傭人！」歐陽一直壓抑在內心的怒火，此時全都傾瀉出來，情緒顯得有些激動，但是隨即他意識到自己的失態，忙收聲，不好意思的看了看思雨。

「嗯，看來這個問題滿嚴重的，如果你們不能好好的劃分各自在家庭中所該承擔的責任，這樁婚姻勢必維持不久。」思雨的表情認真，彷彿已經看到了這對夫妻的未來。

老婆
跟你想的不一樣

　　歐陽本以為思雨又會先取笑他，沒想到，這女孩的表情卻忽然變得如此認真，讓自己也覺得事態好像真的很嚴重了，雖然自己有時候也會對老婆感到不滿，但是卻從沒真的想過要和她分開。

　　「這樣吧，我這裡有個心理測驗你測一下，然後再想應對的辦法。」思雨到房間內拿出一個像平板電腦一樣的機器，歐陽便照她的指示進行操作。

　　看了一會兒，歐陽才明白這是一個電腦題庫，內容涉及到各個方面，電腦專業出身的歐陽從沒見過這種作業系統，就應用上，這個系統遠遠勝過現在市面上的任何產品，真是匪夷所思。

### 題目

**A、她憧憬中的房子是什麼樣子的？**

　　　　*1*、歐式風情的古堡式房子——　*1* 分

　　　　*2*、美國郊區的簡單小別墅——　*2* 分

　　　　*3*、中式的園林式風情家園——　*3* 分

**B、如果有一座理想的大房子，她會在房子門口放什麼呢？**

　　　　*1*、放一個有山有水，最好還有魚的園藝盆景——　*1* 分

2、把門堂前用富麗堂皇的大理石裝飾。—— *2* 分

3、用百合花裝飾的環形拱門—— *3* 分

**C、如果有一個機會讓她擁有一個特別的櫃子，她會喜歡？**

1、真空衣櫃，像保鮮食品一樣保鮮衣服—— *1* 分

2、散發香味的衣櫃，裡面的衣服都香香的—— *2* 分

3、智慧衣櫃，按遙控器就自動把衣服拿出—— *3* 分

**D、她會把家裡的書房設計成什麼樣子？**

1、Office 類型，讓你誤以為自己進了經理的辦公室

—— *1* 分

2、經典設計的簡約型—— *2* 分

3、學校式木製桌椅般的懷舊型—— *3* 分

**E、她喜歡用什麼顏色來佈置家居？**

1、簡約明快的色彩—— *1* 分

2、用名畫等裝飾牆面—— *2* 分

3、方格、圓形等幾何圖案—— *3* 分

**F、房間裡的傢俱她比較傾向於什麼形狀？**

1、方形—— *1* 分

2、不規則的幾何型—— *2* 分

3、太空式的圓桶型—— *3* 分

老婆
跟你想的不一樣

**答案**

### ♥ 6~8 分【壓寨型老婆】

從結婚那天起，她就顯得賢慧有餘但魅力不足了，久而久之，連你都沒耐心去對著這張日漸發黃的面皮。雖然她承擔了所有的家務，但是你可不是要找個傭人過一生。

試著把她從過於繁重的家務中釋放出來吧，重要的節日或者紀念日，給她買些化妝品或是漂亮衣服當禮物。讓老婆保持美麗，最大的受益者當然是你自己。

### ♥ 9~11 分【女強人型老婆】

談到家庭責任，她付出的不比你少，甚至可能她的收入還要多過你，面對這樣的老婆，男人多少是有些心理壓力的，即使你嘴上不說，但是心裡也在和她暗暗較勁。

年代不同了，在這個強調男女平等的社會，你應該為有一個出色的老婆而高興。但是如果她仗著自己在經濟方面佔優勢就對你頤指氣使，你就不應該縱容她，在家裡還是要保持男人的尊嚴，你越是對她言聽計從，她就越容易不拿你當回事，對待這種老婆，你要比她更強勢才行。

### ♥ 12~14 分【敗金型老婆】

老婆開口閉口話題總是三句不離錢。錢是她生命中是至高無上的東西，重視享樂是她的特點，她總是有新奇的點子出現在腦袋裡，和她在一起你永遠不會感到無聊，但是開銷也是你承受不起的。

這種女人多半會為了金錢而捨棄愛情，亦或是她們的腦子裡根本就不存在愛情這個東西，如果你娶了這樣一個老婆，就不要希望她能承擔什麼家庭責任了，但是你也可以放心，只要你有錢她是不會離開你的。

### ♥ 15~18 分【大小姐型老婆】

老婆就像從天而降的仙女，你每天必須不遺餘力的照顧她的生活起居，稍有懈怠，她就會發一頓小姐脾氣，任性一點的還會跟你玩失蹤的把戲。因為你太愛她太怕失去她了，以至於就算她天生不是小姐的命，也會被你寵出了一身大小姐脾氣。

你對她沒有底線的縱容，造成自己日復一日的疲憊，要怎麼辦？其實改變命運有時需要賭賭看的，試著冷落她幾天看看，她被你調教成賢妻的可能性還是很大的。

老婆不一樣
跟你想的樣

# 第八個月

# 漂亮裙子
# 事件簿

# 1 老公牌強心針
## ──愛和關懷才是女人 最好的保養品

　　「親愛的，你看我是不是胖了？」東方雨站在鏡子前嘟著小嘴，問一旁正在上網的歐陽，歐陽正在為一個新技術評價忙碌著，應付的抬頭看了一眼，回道：「沒有啊，還是很苗條！」

　　「騙人！都三個月了，我天天吃那麼多，一定胖了好多，醜死了！」東方雨一邊說一邊朝歐陽蹭過來，也不顧他正在工作，對他一陣的捶打，嘴裡念著：「都怪你害我懷孕！現在好了吧，難看死了，活像一個黃臉婆，你以後敢不要我！我就掐死你！」

　　據說懷了孕的女人，精神多少都會有些不正常，歐陽勸自

己能忍便忍，因此每天晚上都要受這一番拳腳的洗禮。但是歐陽也發現，女人不管是否懷孕，其實多少都是對自己沒自信的，以前東方雨也經常會為了「臉上長了一顆痘子」之類的小問題大呼小叫，可能這就是女人吧，而且最莫名其妙的是，不管出現什麼樣的狀況，似乎「錯」永遠在她的男人！

「好了，好了，親愛的，我還要做報告呢！而且妳不論變成什麼樣子我都覺得好看，妳是我老婆嘛！在我心裡妳是最漂亮的！」東方雨一聽這話，立刻變得乖巧了許多，甜甜的笑容再次浮現在臉上，撒嬌的靠著歐陽的肩膀躺下，不一會就進入了夢鄉。

歐陽看著熟睡的老婆，先嘆了一口氣，然後又有些自鳴得意的笑了。是的，歐陽這幾個月的變化不小，尤其是在哄老婆方面。以前歐陽是不知道如何哄老婆的，夫妻兩個人經常因為一點雞毛蒜皮的事情爭得面紅耳赤，冷戰個幾天不說話是家常便飯了。

現在的變化，還真要歸功於歐陽的軍師——思雨，自從有了她的暗中指導，歐陽才算真正的瞭解自己的老婆，一開始他還驚嘆：原來男人和女人的想法是如此不同！現在的歐陽不會再因為一點小事，就和老婆爭論不休，因為他已經知道，遇到女人的蠻不講理時，只要幾句甜言蜜語就可以天下太平了，那

自己何苦為了逞一時口舌之快，而落得幾日不得安寧呢。

　　這天歐陽下班回來，剛好經過街角的嬰兒用品專賣店，以往都是步履匆匆的經過，看都不看上一眼。現在也許是家裡要多個寶寶了的緣故，他被這家店粉嫩可愛的風格吸引進去。老婆的肚子還不明顯，歐陽一邊看著這些可愛的 baby 用品，一邊開始對未來有小孩的生活充滿了想像。

　　這家店除了賣 baby 的用品之外還有孕婦裝，衣服款式從可愛到性感一應俱全。售貨小姐道：「先生，是不是快要做爸爸了，幫老婆買件漂亮的孕婦裝吧，她肯定會很開心的。」說著，幫他選了一件粉藍色的短裙熱心的推薦著。經驗老道的店員，三言兩語就讓歐陽決定買下這件衣服了。

　　第二天，東方雨就穿著歐陽買的新衣服去上班了，因為肚子還未有明顯的變化，衣服看起來有點大，但還是十分可愛，得到了同事們很多讚美聲。

　　「真是奇怪啊！我覺得妳懷孕之後漂亮多了，我當初懷孕初期，整個人又黑又瘦，別提多難看了。妳是怎麼保養的啊？」坐在東方雨隔壁桌的同事好奇的問道。

第八個月
漂亮裙子事件簿

　　「是啊，有的人懷孕時會特別沒精神。可是妳正好相反，看起來很有自信，還容光煥發呢！」另一個同事也湊過來插兩句。

　　「這個啊，都是老公的功勞吧，老公的好話說多了，照顧的周到了，我心情好人自然就漂亮了啊！我老公啊，是我最好的化妝品和保養品呢！」東方雨自豪的說，心裡的幸福感滿滿的溢出來。

**◎解密頻道**

　　女人一生最大的幸福就是嫁個好男人，因為多數女人，一生的大部分精力都會傾注到家庭上，如果沒能嫁個好老公，那麼後半生都不會快樂。

　　我們經常可以看到一些年過三十的女人，雖然年紀尚輕，卻總是一臉憔悴，每天生活的無精打采，喪失激情和活力，而另外有些女人，即使是年過四十卻依舊容光煥發，神清氣爽，能造成這麼大的差異，原因和她們的老公分不開的。

　　男人認為女人的青春是靠衣服、靠補品、靠化妝品來維持的，許多男人說：「我沒錢，怎麼給她美麗？她要的那些我統統買不起！」其實不然，女人的最好的美容保養品就是男人的愛和關懷，你可以對她在物質上有所欠缺，但如果精神上也不

## 老婆
### 跟你想的不一樣

顧及她的感受的話，那麼女人就會像一株缺了水的植物一樣，很快枯萎。

讚美老婆不只是等於給老婆打了一劑強心針，對男人自己來說，也是好處多多。首先讚美不用花錢，卻能達到絕佳的效果，是種省錢實惠的哄人方式。其次，經常讚美老婆，會讓她變得自信滿滿，書上不是說了嗎？自信的女人最美麗！

### ☞妙招指點

#### 1：女人最愛問「你愛我嗎？」

準備回答這個問題的兄弟們要小心了，這問題可真是陷阱重重啊！

A：「愛。」

B：「這還用問嗎？」

C：「你煩不煩啊？」

不管你回答的是上述哪一種答案，都會讓你得到老婆的怨言，因為，答案 A 雖然看似沒錯，但是太快回答，會讓對方覺得你根本沒有經過認真思考，只是故意敷衍她。答案 B 則會讓她覺得你對她的愛不夠深，說不定會引來她繼續窮追猛問。答案 C 更是最、最、最不能說的，如果你不想引發一場家庭大戰，就把這種不耐煩的情緒放在心裡吧。

　　✔最好說：「我覺得，對妳的愛是無法用言語說清楚的，我會用行動來證明我愛妳」。

### *2*：女人站在鏡子前問「你覺得我穿這樣好看嗎？」

　　這個也是女人最經常問的其中一個問題，大多數男人都會回答出如下的錯誤答案：A：「好看。」

　　B：「還可以。」

　　C：「真好看，妳穿什麼都好看。」

　　女人不像你想像的那麼笨，你敷衍了事的答案，她們可不會買帳。答案A：很明顯是你在應付她嘛，她怎麼會饒過你？答案B：說的太勉強啦！這會讓她沒自信的。答案C：看似沒錯，但是天生疑心病就很重的女人會覺得，你在說假話。

　　✔最好說：「轉過來讓我看看」，看完後拉著她的手，真誠的看著她說：「嗯，我覺得好看！」

### *3*：見過她經常掛在嘴邊的女性好友後，她問你「你覺得她怎麼樣？」

　　這個回答可要謹慎了，因為涉及到另外一個女人，萬一回

跟你想的不一樣

答的不好，有可能破壞多方關係的！

A：「很漂亮」

B：「不怎麼樣，差妳差遠了。」

C：「我沒注意她。」

這三種答案統統要不得。答案 A：這樣你會惹怒她哦，即使是她最好的朋友，也是會醋勁大發的，不但影響了你和她之間的關係，很可能老婆和她之間的關係，也因為你的一句話鬧僵。答案 B：這回答太假了，她又不是傻子！答案 C：雖然這是自以為高明的回答，但是她根本不會信！

✔最好說：我覺得她人應該不錯，我為妳能有這樣的好朋友而高興。

XOXO

## 2 就怕自己不漂亮

*Wife is different from what you think*

——漂亮是為你爭光，
別說我浪費

「老婆，快點！快點！要遲到了！！」歐陽著急的在客廳裡走來走去，不停的催著還在梳粧檯前化妝的東方雨。

「好啦，好啦！馬上就好，別催嘛，害人家都畫不好了！」二十分鐘前，東方雨就已經說過馬上就好，但是現在依然不著急的畫著眉毛，絲毫沒把歐陽的催促聽在耳裡。

本來夫妻兩個要參加一個同學的聚會，聚會下午四點開始，歐陽看看錶，現在都已經是三點半了，家裡和約會地點離得並不近，半個小時是無論如何也不可能趕得到。這種情況已經不是第一次，每次東方雨出門，都像是進行一項

浩大工程一般，先是在衣櫥前猶豫究竟要穿哪套衣服，然後又在化妝上耽擱大把的時間。每次一催她，她就小嘴巴一嘟：「人家打扮還不是為了讓你有面子嘛！」塞的歐陽一句話也無法反駁。

　　又過了半個小時，東方雨終於對著鏡子裡的自己，滿意的點了點頭，問歐陽：「老公，漂亮嗎？」歐陽這會哪敢說出一個不字，只要稍有一點不滿意，相信老婆又會擺弄半天。趕忙說：「很好了，很好了，快走吧！」

　　這種老同學聚會，其實無非就是大家湊在一起互相比較，混的好的多說一些，混的差的就多吃些，能比來比去的無非是收入和職位，當然，男人們除了比較這些之外，比的更多一點的就是自己身邊的女人了，這就是男人的虛榮心。

　　來到 party，歐陽掃視了一圈，忽然深感東方雨耗時間的打扮還是很有價值的，今天的聚會上，自己的老婆顯得格外搶眼，一身白色緊身小禮服，在耀眼的燈光下，把原本白皙的皮膚襯的猶如精細的瓷器，把別人的老婆統統比在了後面，歐陽滿意的把東方雨摟的更緊了。在這個自己沒什麼發言機會的聚會上，總算找回了些許尊嚴。

　　晚飯過後，男人們聚在一起談時事、談工作、談股票……，

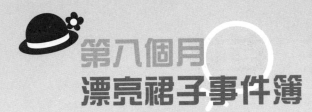
女人則聚在另一邊聊起化妝品和購物資訊。

　　這是個熱鬧的夜晚，氣氛和諧，每個人臉上都掛著微笑，直到午夜時分音樂停止，人們才相繼的散去。

　　回家的路上，兩個人都有些微醺了，路燈下看東方雨今天精心修飾的妝容更顯嫵媚，歐陽情不自禁的吻了她的唇。「老婆，妳真美！今天晚上妳是最美的！」女人都喜歡被人稱讚漂亮，尤其是酒後吐真言的男人。

　　「老公，我知道你是希望我越來越漂亮的，對不對？」東方雨用白嫩的胳膊環住歐陽的脖子，柔情萬種的問道。歐陽迷迷糊糊的點了點頭，他此時酒意正濃。

　　「今天，張世傑的太太向我推薦了一款皮包，說是很符合我的氣質，你買給我好不好？」這時的歐陽，已經被酒精麻痺了大腦，睏意來襲，根本沒有聽到東方雨在說什麼，機械式的的點了點頭，東方雨開心的跳起來，在他臉上親了一親。

　　「那……我還想要香水啊、大衣啊……」東方雨在腦中一一盤點著。

　　第二天清晨，歐陽剛張開眼睛就見他老婆拿著一長串的購物清單在他眼前晃來晃去，聲稱是自己昨天答應買給她的，「我有說過要給妳買這些嗎？」對於昨晚的事情，歐陽最後能想起

老婆
跟你想的不一樣

來的只有那個充滿誘惑的吻而已。

　　「你有說過！有說過！有說過……」

　　很多男人不能理解女人為什麼這麼愛美，尤其困惑的是那些老婆們，為什麼已經有了歸宿還不好好操持家庭，而要把大把大把的錢都投入到化妝品和衣服上，雖然男人愛欣賞美女，但是自己老婆這樣，卻總是不免要給她扣上一個愛慕虛榮的帽子。

　　張愛玲曾經說過：「我又不是美女，如果不裝扮成這樣，怎能引起旁人注意？」張愛玲是眾所皆知的才女，但是對於美依舊不能免俗，更不用說普通女子了。女人對美的追求可以說是天性，只要男人一天愛美女，女人就會愛美不息。

　　女人愛美還出於自戀，這點從女人出門前，總愛對鏡子裡的自己流連忘返的猛瞧就可以看出來。女人看自己的時候，會越看越覺得好看，總是有種看不夠的感覺，待在鏡子前欣賞自己的臉孔，對女人來說是有十分的樂趣的，這也是女人為什麼約會總是遲到的原因。

　　女人如何愛美？最直接的表現，當然是穿著打扮上了。「沒有醜女人，只有懶女人。」讓愛美的女人們越加勤快的打扮起

146

來。從頭到腳沒有一個地方不花費心思及苦心。

### 妙招指點

✔很多已婚男人擔心的問題就是：老婆太漂亮，被人搶了怎麼辦？於是限制老婆購物、在人前也不讓老婆穿漂亮衣服、化妝。老婆怨聲載道，抱怨連連。男人嘴上只說，都已經結了婚，幹麻還要打扮成那樣，但其實根本是因為男人對自己太沒自信，怕老婆跑了！如果自己有自信了，還怕她不成？

✔老婆太愛打扮，花錢太多，這是很多男人的心理的痛。其實女人多數還是懂事的，教育她們還是要動之以情，曉之以理，多買些書給她看，讓她明白增長內涵修養才能讓女人更美！

✔如果相信她，就鼓勵她追求美麗的東西，只要你關心她、愛護她就不怕她跑掉。

✔送一枚鑽戒給她，她芳心大悅的同時，你已經向世界宣佈：她是我的！名花已有主，誰也別肖想了！

## XOXO

# 3 逛街耐力賽

## ──女人購物四招 「摸、問、試、挑」

*Wife is different from what you think*

星期一、星期二、星期三……

下班的路上，歐陽數著日子，雙眼漸漸睜大，好像發現了一件很神奇的事情。「天啊！老婆已經破紀錄，一星期沒逛街了！」老婆沒去逛街照道理說是件好事，男人應該高興才對，但是歐陽的臉色，看上去卻比「七夜怪談」裡的貞子還難看。

這是為什麼呢？

根據經驗來看，老婆大人如果超過一星期未逛街，那下星期勢必會有一次流血大採購。又到了發薪日，老婆應該已經算好日子，等著狠敲一頓吧！

女人未必那麼難瞭解，至少在逛街購物這件事上，她們的

目的總是那麼的顯而易見，招數也總是那幾招。晚上洗完澡，東方雨穿著一身性感小睡衣湊了過來，歐陽已經十分清楚她的詭計，只是不想拆穿而已。

「老公，明天陪我去趟百盛購物城吧！人家想要的一個包包正打折呢！」東方雨嗲聲嗲氣的說道。

「好，我們明天一早就去！」歐陽答應的非常爽快，因為他知道，如果有所猶豫的話，後果將會更慘。

一早，東方雨一改往常睡懶覺的習慣，早早的把歐陽從床上揪了起來，在老婆不斷催促下，兩個人不到九點就來到了本市最大的購物中心─百盛國際。這是一個號稱亞洲最大的購物中心，而且幾乎網羅了世界各大名牌，是女人逛街的必選之地，要想仔細逛完，最少也要花費一整天的時間。

這個地方對女人而言，簡直是個天堂，但是對男人而言，這裡根本是地獄，尤其是陪女人來的男人們。幾乎各個都是老婆精力旺盛的走在前面，老公在後面垂頭喪氣的跟著，提著大包小包老婆的戰利品。歐陽當然也不例外，此刻正乖乖的跟在老婆的後頭，聽從老婆的指揮。

「老公，那間的 Levi's 在打折！哇！還三折起耶，好便宜哦，去看看，去看看！」東方雨拉著歐陽直奔 Levi's 的店鋪，

歐陽叫苦連天。那邊，一群女人瘋狂的爭搶著，很快的，自己老婆也成為了她們其中一員。

才逛了第三層樓，歐陽已經感覺不單只有荷包在流血，連自己的腳底板也磨到快流血了。但是女人在購物時是最沒有同情心的，就算在她面前裝可憐的喊累，她也可以假裝聽不見。

逛到了第八層時，歐陽終於忍無可忍了，說道：「不行，我累死了！一定要休息一下，妳先自己去逛吧！」

東方雨一聽，不高興了：「我自己逛街有什麼意思啊，逛街當然要老公陪嚕，你不陪我，那誰幫我買單還有提東西，再說，逛街還是情感交流的一種呢！走吧！走吧！」歐陽只好硬著頭皮陪她逛，歐陽仍是繼續跟著走，心想自己得改變策略了。

「老公，你看這件衣服我穿好看嗎？」東方雨拿起一件衣服，往身上一搭，問歐陽。

「好看、好看，買了吧！」東方雨沒想到老公這麼快就同意買下，以往總是少不了一番唇槍舌戰。三次兩次之後，她發現無論她問歐陽什麼，歐陽都說好看，還全部讓她買下來。

「你什麼意思嘛？到底好不好看啊？都買也太浪費了，今天你是怎麼了？」東方雨覺得老公今天不太對勁。

「這次都買了，下次就不用來了啊！」

「那你看球賽可以今天看完，明天就不看了嗎？」東方雨

150

說完，兩個人相視大笑了起來。

### ☺解密頻道

　　女人愛逛街，不管是有錢的女人還是沒錢的女人都一樣。有錢的逛百貨公司，沒錢的逛地攤，但是不變的就是一個「逛」字。一進商場，她們彷彿就進了天堂，在這裡她們永遠不知疲倦，永遠精力旺盛。

　　女人逛街時的個性是很可愛的，如果看到了自己喜歡的東西，會花很長的時間去貨比三家，穿上後又百般挑剔，再三選擇後，她們才會露出滿意的笑容買下，雖然回家之後，她們可能會越看這衣服越不順眼，但是起碼在她買下的那一刻，她們是覺得幸福的！

　　女人買東西逛街有著很深的學問，幾乎每個女人都是箇中好手。中醫看病是「望、聞、問、切」，女人買衣服是「摸、問、試、挑」，這四步驟下來，往往花費大量的時間和金錢，但是她們卻仍享受其中。不過，即使是這般千挑萬選回來的寶貝，也可能回家後的下場，是被扔在衣櫥的最底下永不見天日，還很快的被女人淡忘就是了。

　　男人把陪女人逛街看得很簡單，其實並非如此。逛街時男人的作用，不光只是當女人的錢包和男傭，更是女人對男人的

一種感情需要，女人始終堅持認為，一個肯陪自己逛街跟為自己花錢的男人才是愛自己的。

**☞妙招指點**

週末陪老婆逛街，對勞累了一個星期的男人來說，是精神和肉體的雙重折磨。但是如果想讓她開心，最好還是要抱著視死如歸的大無畏精神陪她逛一趟。

如果男人決定勇敢面對，大膽犧牲的話，請記住一定要犧牲到底。在陪她逛街的過程中，千萬不可流露出不悅的神情，不埋怨、不喊累，這樣才能成為女人眼中的極品老公。

陪老婆逛街也不是毫無益處，陪她在商場裡拼殺，起碼有三點好處：

*1.* 可以增進夫妻之間的感情，這點就不用多說了。

*2.* 還可以挽救家庭的財務危機，表面上看來，她的消費行為是不利於財富累計的，但是要知道，女人是感性動物，這點尤其具體表現在購物上，她們興致一來什麼都可以買回家。有理性的你相陪，幫她嚴格把關，其實是幫自己省更多。

*3.* 偶爾來一次商場走動，要比窩在家裡整天玩電腦、打電動健康多了，陪老婆逛街走路，起碼還可以當成是鍛鍊身體的一種運動方式。

# 第八個月
# 漂亮裙子事件簿

　　大戰將至，真的想逃也不是不可能的。不想陪老婆逛街，就找些適當的藉口搪塞吧，比如「老媽今天叫我們回家吃飯」、「公司週末要加班」、「同事臨時有事要幫忙」，善解人意的老婆雖然會略帶失望的看著你，最終還是會給你自由。但是為了以後更自由，請不要忘記，臨行前，要把信用卡留給她用。

老婆不一樣跟你想的

老婆
跟你想的不一樣
*Wife* is different from what you think

第九個月

# 吵架了

# 1 與異性朋友的分寸

## ——男人也愛嫉妒

　　「這麼晚了，還跟誰在傳訊息啊？」東方雨從下班回家到吃完晚飯，一直拿著手機按個沒完，剛開始歐陽因為在忙工作上的事情，所以並不在意，但東方雨實在太專心，幾次叫她都沒回應，仍聚精會神的在回覆訊息，使得歐陽不得不把工作暫時放下，先去看看老婆是怎麼了。

　　「只是一個朋友而已。」東方雨頭也沒抬的回答，還連忙把手機合了起來。這動作真是可疑，男人的敏感告訴歐陽「有狀況！」

　　身為男人，一定不能像女人一樣的追根究底或是搶過手機檢查訊息。對於內心的好奇，只能壓抑著，等到有機會再查明真相。

　　不一會兒，東方雨去洗澡了。歐陽躡手躡腳的拿過她的手機，迅速找著手機裡面的收件匣，不出他所料，發訊息給老婆的是個男人，但是只能看見對方名字叫「小俊」，訊息內容加了密，他看不見。

　　這不是此地無銀三百兩嗎？歐陽這下火氣終於憋不住，氣呼呼的拿著手機，等著東方雨出來要問個明白。

　　水聲漸停，東方雨帶著一身未乾的水氣，如出水芙蓉般緩緩走出浴室，她雖然現在有孕在身，卻更增添了一些女性的韻味，看起來反而比以前更漂亮。想到別的男人對老婆的覬覦，歐陽就生氣。

　　「小俊是誰？」歐陽把手機拿到東方雨的面前，生氣的問道。

　　「你怎麼能偷看我手機？你這是侵犯別人隱私你知不知道？」東方雨一見自己手機在老公手裡，而且歐陽還帶著一種質問的口氣，於是也被激怒了。

　　「什麼隱私？妳是我老婆就沒有隱私！快點給我說清楚這是誰？內容還加了密？怕人看啊，怕人看就別發啊！」

　　「你簡直莫名奇妙，我就偏不告訴你，看你能把我怎樣？」東方雨也不甘示弱的跟歐陽槓上了，雙方你來我往的吵了起來。

　　「東方雨，妳給我聽著，要不是看在妳懷孕的份上，我、

我、我就打妳！」歐陽把手抬了起來，做出要打的動作。

「打我？你打啊！你打啊！諒你也不敢，不是我瞧不起你，你就是不敢，你就是不如小俊！」歐陽徹底被激怒了，甩門離家而去。

「上次兩個人吵架，玩出走把戲的是她，這次終於也輪到自己要耍脾氣了。」歐陽想著，但是一走出去他就後悔了，時值入秋，夜裡雖然不是很冷，但也是感覺有點微涼。自己就這樣貿然的離家出走，身上連錢包都沒帶，去哪裡好呢？可是現在要是回家去，那豈不是太沒面子了？

沿街遊蕩，不知不覺又來到了畫廊，幾個月前，也是這樣的一個深夜，也是同樣無家可歸、失魂落魄的自己在這裡被收留，不同的是，那晚下著雨所以感覺很冷，而今天雖然沒下雨卻也一樣冷的要命。「不知道今晚她是否還願意收留我？算了，管不了那麼多了，先敲門再說，免的凍死了！」

叩、叩、叩，歐陽敲響了畫廊的門。

出乎意料，開門的不是思雨，而是個年過半百的老太太。

「你，找誰啊？」老太太聲音有些蒼老，疑惑的望著歐陽。

「呃，不好意思這麼晚打擾，請問思雨在嗎，我是她朋友，我叫歐陽朔。」早已經過了營業時間，歐陽覺得自己的舉動太

唐突，真想轉身逃走。

「歐陽朔？」老太太朝歐陽全身上下打量了一番，歐陽能看出她對他很感興趣。「思雨在裡面，你進來吧！」

歐陽被請到裡面，這時思雨已經聞聲出來，「你來了啊，稀客啊！」思雨笑道，老太太已經走回房間裡了。

「那位是？」歐陽有些好奇，來過畫廊多次，還是第一次見這位老婦人。

「那是我乾媽。」思雨似乎並不想多說這個，隨即問：「今天是不是又被老婆趕出來了？」

「嗯」歐陽點點頭，把事情的來龍去脈告訴了思雨。

「不用太在意，那個小俊只是她一個普通朋友，沒什麼的，明天回去要好好溝通，我相信她會告訴你真相的。」

### ☺解密頻道

男女之間是否有真正的友誼？答案是：沒有！男人和女人交往之初，或多或少都是相互吸引才成為朋友的，但是這並不意味著有了異性朋友就會有出軌的事情發生。在大多數的情況下，這種互相吸引，會停留在一個安全的距離上。

對於女人來說「青杉之交」就是這樣一種定義，她和他不可能在一起，因此保留彼此相處的距離，但是這種關係，某種

老婆
跟你想的不一樣

程度上又保有一份吸引力和魅力。這種感情如果正常的持續下去，反而會讓兩個人受益。

但是這種高品質的「青杉之交」卻不是每個女人都有幸擁有的，要靠聰明智慧的女性才能掌握好其中的分寸，沒有自制能力的女人，很容易把這種感覺轉化成「婚外情」，而破壞了家庭和諧。

✔其實女人不知道，男人比女人更善於嫉妒。對於善妒的男人來說，老婆的「青杉之交」無疑是自己心頭的一根刺。怎麼拔掉它，成了男人的頭痛問題。

其實把這根刺硬生生的拔掉，勢必會造成夫妻二人失和，所以還不如順其自然的讓他存在，只要知道老婆可以拿捏好分寸，讓她知道你是十足的信賴她，會讓她更愛你。

✔你要引導老婆重視你，重視家庭，多讓她把時間花在家庭內部的事務處理上，而不是「青杉之交」身上。

✔女人是感情動物，男人永遠別忘記這一點，給她的關心越多，她就會給你的回報越多，沒事去找「青杉之交」的女人，

往往都是被丈夫忽略的那一位。

　　✔每個人都會有異性朋友，身為男人的你也同樣有幾位「紅顏知己」，因此在要求老婆的同時，可千萬不要被老婆抓到自己的小辮子哦！

# 2 寬容的背後

## ——表面風平浪靜，
## 　心裡波濤洶湧

　　吵架，和好，幾乎沒有一對夫妻沒有經歷過這樣的過程，所謂「床頭吵，床尾和」就是這個道理。經過上次老婆的「青杉之交」事件後，歐陽和老婆又和好如初了，當然思雨從中調停的努力功不可沒。

　　那天歐陽在畫廊借宿了一晚，一早上回家，出乎意料的是，東方雨躺在客廳的沙上裡睡著了，開門的聲音吵醒了她，她馬上爬起來，欣喜的望著歐陽，「你回來了？你去哪了？」語氣中帶著關切，前晚吵架時那種很衝的口氣已經消失不見。

　　而歐陽經過思雨的開導，對老婆也早就不生氣了。但還是

覺得這件事錯不在自己，於是板著臉沒理她，心想女人還真是寵不得。

「老公對不起，我昨天確實有點過分了，我和小俊真的沒什麼，他只是我的高中同學，我跟他沒有特別的關係，他是為了辦高中同學會才跟我聯絡的」東方雨努力的解釋道。

「那幹嘛用他來氣我？」妳變態啊！後半句，歐陽咽在喉嚨裡裡沒說出口。

「我這麼做還不是心理不服氣嘛，你的紅粉知己那麼多，還經常往她們那裡跑！」東方雨嘟著嘴，說出了自己的內心想法。她從歐陽口中經常聽他提起思雨。雖然思雨也確實一直在幫助他們，當理智主導自己的時候，她知道歐陽和那個女孩之間只是朋友，但是忌妒心一上來，就又什麼都想不明白了，這樣一個比自己年輕，比自己漂亮，跟老公談的來又有能力的女人，她的存在就老是讓自己心不安，可是老公和她又確實是清白的。無奈越想心裡仍是不平衡，正巧前幾日老同學小俊找她討論要舉辦高中同學會的事，聯繫就頻繁了起來，所以她就生出了這個餿主意，打算氣氣歐陽。本只想發洩一下自己的不平之感，沒想到老公竟然當真起來，一氣之下還甩門而去，這情況可急壞她了。

東方雨把實情一五一十的跟歐陽說了，其實對這些歐陽心

中早已有底，臉上還裝作恍然大悟的樣子，說：「老婆，我和思雨之間真的沒什麼，不知道為什麼，我雖然年紀也不大，但是看到她總是覺得她只是個小女孩，根本不可能有情愛的感覺產生啊？」

女人心真是深不可測啊！歐陽感嘆著，其實自己也想過和思雨之間的關係會不會被老婆誤解，但老婆一向都表現的十分大方，也感覺一點都不介意的樣子。原來她內心裡也是嫉妒的啊！以後要加小心，不該說的不說，免得自己不小心踩到了地雷。東方雨後來幾次想見見思雨，但是卻都被思雨婉拒了，歐陽也不知道為什麼，最後思雨給了東方雨她的 SKYPE 帳號，於是兩個人開始在網路上聊得不亦樂乎。

女人，真是奇怪的動物！

### ☺解密頻道

男人和女人在面對出軌的另一半時，態度是很不同的。女人總是比男人更容易原諒這種行為，起碼大多數女人是這樣的。美國前總統克林頓的老婆希拉蕊，面對老公鐵證如山的出軌事件，還是能夠在公眾面前淡然一笑，一句原諒話說的得體大方，就像是原諒克林頓沒吃完早餐一樣簡單。

現實生活中，像希拉蕊這種女人並不少見，她們對丈夫的

出軌顯得格外寬容，世人多給她們冠以「賢妻」的美譽。但是她們心裡真的一點不痛嗎？難道表面的風平浪靜是真實的嗎？男人，不要盲目樂觀和慶幸，這種女人她們雖然不吵不鬧，卻往往在私底下會給你更加嚴厲的懲罰。

很多女人在面對老公出軌之後，雖然與老公維持著表面上的和諧，但是內心裡她對婚姻的信任和感情，已經被男人的不忠所摧毀，很多婚姻都是在這時走向實質上的瓦解。

曾經有一個女人在老公出軌後，去看心理醫生，她說老公在她發現之後，就立刻斷了和第三者的聯繫，還為了補償她而對她加倍的好，但是她心理上卻再也無法接受老公。每次老公稍微有些親暱點的舉動，她腦子裡就會立刻浮現出老公和其他女人的親熱的畫面，而感到厭惡，對他也找不到曾經恩愛的感覺了。

男人也許會問：我只是逢場作戲，她犯得著那麼計較嗎？這答案是肯定的。在女人眼裡，感情世界是容不下一粒沙子的，即使原諒了男人，也不會放過自己，外遇事件留在她心中的陰影，將會一直揮之不去。

**指點妙招**

**出軌後的幾個修復期**

### 狂風暴雨期

　　這發生在剛被老婆發現姦情的階段，這個時期的女人情緒很不穩定，甚至會做出一哭、二鬧、三上吊的瘋狂舉動。這時，男人不能一味的逃避，逃避對婚姻的維繫沒有任何好處，應該坦誠相對，以求得妻子的原諒。

### 緩衝期

　　這段時期，夫妻的關係會非常敏感，因為裂痕已經形成，不能強求像以往一樣，想讓感情一下子就恢復往常。這個時期你要盡量不舊事重提，以免刺激到她脆弱的神經，也許她已經對你敬而遠之了，在適合的時機時，可以趁機做一些親暱的小舉動讓感情回溫。

### 熱戀期

　　這次的熱戀和初談戀愛時不同，當經歷了一次信任危機後，雙方的信任度已經大不如前。所以你要努力營造戀愛氛圍。兩個人可以一起去度假，一起去一個陌生的環境，讓彼此重新接受對方。

### 復原期

　　即使雙方重燃愛火，但是要和好如初，卻也不是一朝一夕的事情，熱戀期後是更漫長的復原期，如果二人之間有小孩，那女人通常會為了小孩，而讓恢復期縮短一些。

XOXO

# 3 牽手一輩子

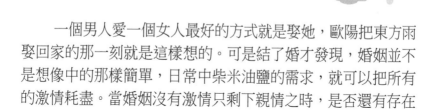

—— 白頭偕老的神話

　　一個男人愛一個女人最好的方式就是娶她，歐陽把東方雨娶回家的那一刻就是這樣想的。可是結了婚才發現，婚姻並不是想像中的那樣簡單，日常中柴米油鹽的需求，就可以把所有的激情耗盡。當婚姻沒有激情只剩下親情之時，是否還有存在的必要？這是很多夫妻的苦惱，而其中很多人選擇了離婚。

　　有人曾說過：「婚姻就像一座圍城，進去的人想出來，出來的人想進去。」結婚一年多的歐陽，有時候早上起來，看著身邊熟睡的人兒，還真有些疑惑：我真的結婚了嗎？他摸了摸東方雨豐滿的胸部，觸感柔軟。這不是夢，夢不會如此真實，我真的結婚了。東方雨的小腹已經微凸，在她的肚子裡，一個新生命正在孕育著，這是他們愛情的結晶，歐陽好像忽然看到了很多年後他和東方雨變老，兒孫滿堂的樣子。

老婆
跟你想的不一樣

　　東方雨被歐陽的觸碰吵醒，睜開有些微怒的雙眼，卻對上了歐陽一對深情的眸子，老公難得有這麼溫柔的時候，看了讓自己氣也消了。

　　「幹嘛這麼看著人家！大清早的，害人家睡不好！」東方雨說道，而語氣卻是充滿撒嬌意味。

　　「我忽然覺得很神奇啊，想著時間過的這麼快，有一天我們變成老公公、老婆婆，一群孫子孫女圍繞著我們，這種感覺多幸福啊。」歐陽把他剛才的感覺說了出來。

　　「老公公，老婆婆……」東方雨嘴裡重複著，若有所思。

　　「那當這天到來的時候，我不再漂亮、不再苗條，你還會愛我嗎？」她抬起頭，認真的望著歐陽。

　　「當然會啦，我會一直一直愛妳的，就算妳不再年輕、不漂亮、不苗條的時候，我也會愛妳陪著妳一起變老！」歐陽堅定的說，這是他第一次說出自己的真心話。

　　「謝謝你，老公，我好愛你哦，我也會一直一直愛你的，一生一世直到老去死去。」

　　這個早上，因為彼此的承諾而美麗。

　　東方雨起床後，在 SKYPE 上碰到了思雨。

　　東方雨：「思雨，妳知道嗎？今天我經歷了我人生中最浪

漫的一個清晨耶！」

　　思雨：「快說，我好想知道哦！」

　　東方雨：「我和老公做出了一生一世的承諾，他說有一天我變老、變醜他都會對我不棄不離，一直愛著我，我好感動喲！」

　　思雨：「真替妳高興，歐陽是個好人，會好好照顧妳和女兒的！」

　　東方雨：「咦？妳怎麼知道我會生女兒啊？」

　　思雨：「直覺啊，女人的第六感是很強的嘛，嘻嘻。」

　　東方雨：「但願如此，我喜歡女兒，女兒是媽媽的背心，呵呵。」

　　思雨：「我也相信妳會是個好媽媽。對了，有個禮物送給妳，很適合今天這種氣氛送哦。」

　　東方雨：「什麼禮物啊？今天又不是什麼紀念日，妳不要亂花錢嘛！」

　　思雨：「錢買不來的，快去妳的 e-mail 收吧，已經傳過去了。」

　　東方雨進入了自己的 e-mail 信箱，果然裡面有一封新郵件，寄件人就是思雨。她很好奇的打開郵件，郵件裡夾帶著一個名為「幸福永遠」的附件。

老婆

跟你想的不一樣

　　「老公、老公，快來看，思雨給我們寄來的禮物！」東方雨感覺到這會是個有趣的東西，而且是應該和歐陽一起看的東西，歐陽聞聲從臥室出來，站在老婆身邊準備看這個新奇的東西。

　　附件打開原來是一個電子相簿，而照片裡的主人翁正是歐陽夫婦。照片都是偷拍的，而照片裡的兩人，不論眼神或是肢體語言一點都不做作，都很自然的流露出對彼此的愛，所以每一張照片都是溫馨的感覺。

　　「這張是大學時候，我們在上自習課時拍的耶，那時你的那雙手特別不安分，害我都不能好好專心看書。」照片中，東方雨正用書輕敲歐陽的頭，歐陽慌張的閃躲，照片顯現出了兩個人當時的年少可愛。兩個人想起了那天的情景，全都忍不住的笑出聲來。

　　「這個丫頭太神奇了，可是當時並沒有人幫我們拍照的啊，而且我不記得有人喜歡在圖書館偷拍耶，她是怎麼有這些照片的？」兩人幾乎同時發出了這個疑問，想要問問思雨，但她已經離線了。

第九個月
吵架了

　　兩個人相處容易同住難，每日耳鬢廝磨總會產生很多摩擦，夫妻間更是如此。現實中很多人都抱怨，為什麼相愛的人不能在一起？最後與自己白頭偕老的，偏偏不是自己最愛的人？這很可能是由於兩個人性格不合而導致的。戀愛時彼此都會被對方吸引，但是時間長了缺點就會暴露出來，越來越多生活習慣上的不同，會讓兩個人經常發生爭執，最後讓愛情走上絕路，傷人傷己。

　　幾十年前，受傳統的道德觀念約束，即使婚後並不幸福，男女雙方仍舊能夠為了兒女、父母等客觀因素，委曲求全的停留在婚姻當中，因此那時的白頭偕老是比較普遍且容易實現的。但是在安全感匱乏的今天，媒體報導中到處充斥的都是「離婚」、「外遇」、「第三者」等字眼，於是人們的心越來越不安定，安全感也越來越匱乏。

　　二人要一起白頭偕老真的如此困難嗎？白頭偕老變成了一個人人心中的神話。很多已婚人士都已不排除自己將來離婚的可能性，「社會太不安定了，我不知道明天會是怎麼樣的！所以我更沒辦法預見自己的婚姻！」，「人心善變，即使相信他，我也不一定能夠相信自己，所以我也不知道我們會不會白頭偕老！」

老婆
跟你想的不一樣

　　婚姻不幸，帶給人的心理創傷是不可彌補的，即使是現代人遇到此事，儘管外表顯得多麼的堅強灑脫，但是在他們的內心，仍舊隱藏著不為人知的痛楚。因此，結了婚的人士應該努力經營婚姻，結婚並不是以離婚為目的，而婚姻的保險需要兩個人共同的付出與努力。

　　根據統計，百分之六十的離婚要求是老婆提出的，反應遲鈍的男人們，為了維繫彼此間的關係，你們是不是應該更多的做點什麼呢？

### ☞妙招指點

　　✔早上起床第一件事是先擁抱她，在她耳邊說愛她，白天上班時，出其不意的給她打個電話告訴她你想她了，她會感到整個人像泡在蜂蜜裡般的甜蜜。或是寫個卡片放在梳妝檯上，她看見了一定很感動的。

　　✔「老婆，辛苦了」這五個字不要吝嗇說，因為女人在家庭中需要承擔很多的家務，她們難免經常會滿腹抱怨，但是面對工作繁忙的你又不忍發洩。適當的時候體貼她的勞累，一句「老婆，辛苦了」就會讓她們倍感欣慰。

第九個月
吵架了

　　✔太太每週花在家務上的時間遠比先生多，同樣的，她們在職場上也要承受很多工作壓力。先生要在能力所及的範圍之內，或多或少的幫太太承擔家務。

　　✔婚姻生變，總在床第之間。做為一個男人，在床上不光要勇猛還要溫柔。太太哪個姿勢最舒服？身體的哪個部位最敏感，你知道嗎？如果你不知道，那麼應該重新去瞭解。

老婆不一樣
跟你想的樣

老婆
跟你想的不一樣
*Wife* is different from what you think

第十個月

# 心靈伴侶

XOXO

# 1 很想瞭解妳

*Wife is different from what you think*

——想瞭解女人，
就先學會傾聽

　　週末，歐陽本打算請幾個好朋友到家裡來做客一起敘舊，但是公司臨時有事，老闆一通電話把他叫去加班，好好的一個週末就這麼泡湯了，很晚了他才拖著疲憊的身軀回家。回到家裡已經感到疲憊不堪，因為一整天都在與程式打交道，脖子和腰都感到痠痛，累的一句話也不想說。這時東方雨卻開始抱怨起來，語氣有些責怪的說：「明明是你說今天要請客的，客人都來了你卻不在，我一個人在家忙的要死，你自己倒是先逃跑！」

　　歐陽原本就疲憊，此時正希望老婆能夠體貼一下自己，沒想到老婆竟然先抱怨起來，心想自己也是因為加班，才沒有回

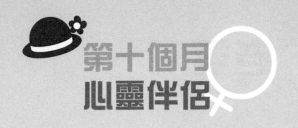
來參加聚會，又不是故意偷懶，所以語氣不悅的說道：「妳累！我加班難道不累啊？是我自己故意不回來的嗎？妳既然忙完了就算了，還嘮叨什麼。我已經累了一天，現在連個想安靜的地方都沒有，煩死人了！」

東方雨沒想到老公會突然說出這些話來，簡直氣炸了，眼淚落下的對歐陽吼了一句：「你真是個混蛋老公！」吼完就把門碰的一聲甩上，進臥室了。後來歐陽雖然也覺得自己說話有些過火了，但是又拉不下顏面立刻去道歉，只好轉身走到書房，打開電腦去做今天沒做完的工作。

晚上十點半，歐陽長吁了一口氣，終於把工作內容大致上弄出了個輪廓，把電腦關上準備休息。

他推門走進臥室，原本以為東方雨已經睡下，卻發現她還坐在床上默默的淌著眼淚。此時，他才意識到剛才的確是傷了老婆的心，讓她如此難過。

歐陽回想一下剛才自己說過的話，確實如老婆說的，真的都是些混帳話。今天的客人都是自己邀請的，老婆又是有孕之身，一個人招待這麼多人真的很辛苦。老婆忙了一天，身體和心理的疲倦也和自己一樣，她看到老公回來了，其實也是想要聽到老公的幾句安慰話而已，並不是真的想吵架，自己實在不應該說那些話！

老婆
跟你想的不一樣

「我不但沒有體諒她的情緒，反過來還要責怪她，她怎麼受的了，我真是差勁。」歐陽覺得自己真的是個混蛋，所以當下決定，一定要跟老婆道歉才行。

於是他陪著笑臉來到了老婆的身邊，主動承認錯誤的說道：「老婆妳說的很對，我的確是個混蛋丈夫，妳忙了一天，我沒能幫忙，回到家裡不但沒說一句感謝，反而還說了不該說的話，惹的老婆大人生氣流淚。都怪我不好，以後我一定會痛改前非，做個好丈夫。好老婆，原諒我吧！」

東方雨聽了歐陽的道歉，一下子破涕而笑了。說道：「就只會賴皮，誰要理你啊！我哭，是因為我需要發洩，我們女人不像你們男人什麼事情都放在心裡頭憋著，我們喜歡哭，是因為哭可以排毒，又可以發洩抑鬱的心情。」

### ☺解密頻道

男人總是說女人是種難以理解的動物。那個和你同床共枕的女人，每天腦袋裡在想什麼？問個已婚男人這個問題，他恐怕也會搖搖頭，茫然的不知所措。男人之所以無法瞭解女人最根本的原因，是男人喜歡用自己的思維模式去理解女人，這樣做的結果，往往使女人和男人的距離越拉越遠。

戀愛初期，男人很容易受到女人的吸引，她們美麗多情的

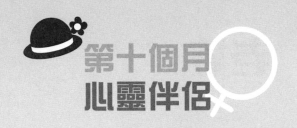

身體充滿這一種神祕力量，於是男人們毫不猶豫地投入到這場戰役，這個時候他們會把自己的所有能量貢獻出來，拿出異於平時的激情去滿足女人的願望。此時，女人覺得這個男人對她百依百順，也可以理解她的一切，真是個好男人。但是實際上這只是女人的自我感覺，其實男人他們只是假裝理解而已。

當兩個人走進婚姻，女人發現男人的耐心開始慢慢的減退，他們的表現實在讓人失望，不聞不問的只顧自己，完全忽略了女人的感受，女人開始感到孤單沮喪，一些女人選擇了離開，一些女人選擇報復，面對這些始料未及的事件，男人也會高呼：女人，你們到底在想什麼？

當然，有些男人是不允許這種情況發生的，他們家庭和睦溫馨，因為他們懂得怎樣去掌握自己的女人。但凡是這種男人他們都知道，自己表現出的關心和支持，對女人來說是多麼重要，女人是靠信念存活的動物，當她們相信夢想最終會實現的時候，是最快樂的，她們需要被珍惜和被愛。

### ☞妙招指點

✔男人想要瞭解女人，就要先學會傾聽，女人遇到困難時喜歡說出來，男人往往遇到問題時，卻喜歡自己獨自解決，覺得這才是最好的方式。但是如果你以為，你的老婆也需要同樣

的方式就錯了，她希望你能坐下來聽她說說她的困難，哪怕你解決不了，但是有人可以訴說會讓她心裡暢快的。

✔女人雖然天生被賦予了一個善於犧牲的個性，但是她們同樣需要自己的空間和時間。被女人支持的男人們應該看到這一點，當你們閒暇時要學會主動犧牲自己，換取老婆的忙裡偷閒的時間，她會對你感激不盡，覺得你是最體諒和瞭解她的人。

✔夫妻間需要配合，才能達到理想的相處方式。比如男人不能對女人咆哮、大吵大叫。一定要記住這件事。

✔學會尊重女人的改變。隨著環境的變化，任何人都會改變，包括你的老婆在內，她可能已經不是當年你娶回家的樣子，但是請相信她仍舊深愛著你，你們之間的感情是沒有變化的。

✔幫助妻子釐清她的需要，如果她不知道自己要什麼，那麼你是沒辦法給予的，讓她靜下來想想自己的方向和目標，並且一起討論你能為她做什麼，提供哪些支援，把自己變成她未來生活的一部分。

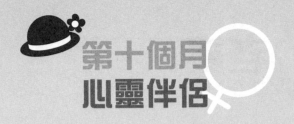

# 2 感謝小狗狗

## ——送到心坎裡的禮物

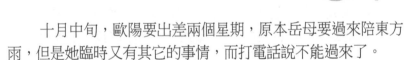

　　十月中旬，歐陽要出差兩個星期，原本岳母要過來陪東方雨，但是她臨時又有其它的事情，而打電話說不能過來了。

　　「老公，你後天就要走了，剩我一個人在家很孤單寂寞的。」東方雨埋在歐陽的懷裡可憐兮兮的說道。

　　「妳找朋友陪陪妳吧，小麗有沒有時間？」在大公司工作就是這樣身不由己，歐陽也不想在老婆懷孕期離家在外，但是無奈不出差要拿什麼養家，孩子生下來後開銷會更大，只好狠下心來了。

　　「要兩個星期耶，小麗現在交男朋友了，天天忙著約會，哪裡有空理我啊！」東方雨也不知道為什麼自從自己懷孕後變的十分黏人，尤其是愛黏老公，老公出差自己總是感覺特別不捨。

# 老婆
## 跟你想的不一樣

「不然，你買隻小狗來陪我吧！」東方雨突發奇想的說道。

「小狗？妳懷孕了，不太好吧！」歐陽皺了皺眉，覺得這個提議不怎麼樣。

「沒關係的，我已經查過了，只要是健康的小狗都不會有問題的！」東方雨早就想養一隻小狗當寵物了，但是歐陽一直不同意，這次一定要趁這機會說服他。

歐陽最終還是擋不住東方雨的要求，答應明天陪她到寵物店選一隻可愛的小狗送她。東方雨開心的像個孩子，整個晚上都在想要養隻什麼樣的狗狗才好。

剛好思雨上線了，就和她聊了起來。

東方雨：「親愛的，我要養小狗了！」

思雨：「真的嗎？為什麼要養小狗啊？」

東方雨：「歐陽要出差了，有小狗可以陪我，這樣我一個人比較不無聊嘛！」

思雨：「嗯，妳是應該養一條小狗狗的！那妳想好要養什麼品種了嗎？」

東方雨：「還沒想好，妳有好意見嗎？」

思雨：「這樣吧，我推薦妳一家寵物店，店名叫『寵愛小屋』，裡面有隻哈士奇很有靈性，應該會適合妳！地址是……」

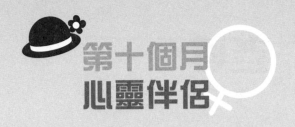
　　東方雨：「好啊，那妳可以陪我一起去看看嗎？」

　　思雨：「呃……，不太方便耶，雖然我也想見妳，但是以後會有機會的。明天妳過去就直接報我的名字，老闆是我的好朋友，會把小狗帶出來給妳看，妳肯定會喜歡牠的，還可以打折哦！」

　　東方雨：「是嗎？那太好了！思雨，謝謝妳！」

　　❀

　　第二天一早，歐陽和東方雨就出發去寵物店。

　　這家寵物店還真不好找，找了老半天還找不到在哪，途中歐陽幾次建議乾脆隨便找家店買隻小狗算了。但是東方雨一直堅持，一定要到「寵愛小屋」看看那隻哈士奇！

　　幾經波折，當他們終於找到這家寵物店時，已經快中午了。

　　這家寵物店並不大，而且地點偏僻，平時應該是很少人光顧的那種，光看店的樣子就覺得好像隨時要倒店似的。

　　「這裡，能有好的狗嗎？」歐陽懷疑的問了一句。

　　「不會錯的，要相信思雨嘛！」東方雨信心十足的說道。女人之間的友誼真是奇妙，前陣子還嫉妒的水火不容，現在卻已經和人家形成統一戰線了。確實如東方雨所說，這家店鋪的裡面的裝潢遠比外表看起來要好的多，裝潢的很有特色，古色古香的讓人以為來到了三〇年代。

　　裡面的動物品種十分齊全，其中的一些珍奇異獸歐陽和東方雨甚至見都沒見過，而且最讓人覺得不可思議的是，每隻動物好像都十分有靈性，一雙雙眼睛都好像能夠洞穿人心似的。

　　「請問兩位想買什麼？」一個穿著袍子的男孩不知從哪裡冒了出來，笑容可掬的問二人。

　　「我們是思雨的朋友，她推薦我們來買一隻哈士奇！」東方雨答道。

　　「哦，是歐陽夫婦吧，昨天思雨已經和我打過招呼了，請跟我來。」男孩邊說邊在前邊帶路，帶著他們往裡面走。

　　穿過回廊，來到了一個視野開闊的庭院，男孩吹了聲口哨，只聽見鈴鐺聲由遠及近的傳來，不一會兒，一隻小狗已經來到眼前，先是到男孩跟前轉了兩圈，男孩點點頭，牠好像看懂了其中的意思，轉向了東方雨這邊，搖著尾巴舔她的小腿，一雙水汪汪的大眼睛望著東方雨。東方雨感到這隻狗狗真的充滿了靈性耶，牠那雙眼睛好像在對自己說「帶我回家，帶我回家吧！」因此，毫不猶豫的就買了牠。從此，歐陽家裡又多了個新成員。

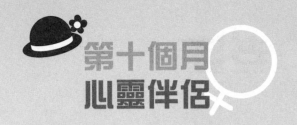

**傍晚・畫廊**

「思雨，小軍那邊傳來消息，說歐陽夫婦已經把叮噹帶走了。」上次歐陽來時見到的那個老婦人對思雨說。

「乾媽，謝謝妳，妳幫了我太多了，還有幾個月事情就要結束，我希望一切都能順利，悲劇不要再重演了。」一滴淚從思雨的臉龐滑落。

「不會的，他們感情現在很好，妳已經改變很多東西了。」老婦人意味深長的說。

**☺解密頻道**

聽女人說：男人送女人東西時一定要浪漫才行，還要製造驚喜，不要前思後想她是否喜歡你買的禮物。

初次送女人禮物，不要買太實用的東西，要挑選一些浪漫的禮品。男人以為禮物貴就是好的，其實並不是這樣。據調查，花費一千元以上的禮物，和一個意義深遠的五十元禮物相比，對女人來說，「意義深遠」的禮物，更能達到感動的效果。

**☞妙招指點**

男人要知道，對的禮物會直達女人的內心，能讓夫妻之間的感情大增。例如：

## 老婆
### 跟你想的不一樣

### 香水

香水對於女人的意義在於，她們認為香水可以抓住男人，讓男人為女人瘋狂，所謂「聞香識女人」是有道理的。大多數女人都喜歡香水，男人在不知道送什麼時，一般選擇送女人香水通常是不會錯的。

### 巧克力

高檔的巧克力，一般都價值不菲，但是卻是送女人的最好禮物之一。甜膩入口即化的感覺，會讓很多女人陶醉其中，如同愛情的甜蜜直抵心扉。

### 項鏈

項鏈對於女人有著特別的意義，但是在為她選擇項鏈做禮物時，需要注意的是，要選擇一條適合女人獨特個性和氣質的項鏈她才會真正的開心，並且對送禮物的人也會給予高分。

### 玫瑰花

玫瑰的花語是：我愛你。不同顏色的玫瑰代表不同的意思，男人需要注意了！白色：我只愛你。黃色：我很在乎你。粉色：我需要你。

送花時，不妨直接送到她的辦公室，一來可以向窺視她的男人們宣佈她已經名花有主，二來可以讓同事們看到她是多麼幸福，別忘了女人是愛面子的動物哦！

XOXO

# 3 加入姐妹淘俱樂部
## ——男人易找，密友難尋！

　　想要深入瞭解一個女人，就要瞭解她身邊的女人。其它女性好友的想法，常會影響自己的老婆，了解她們的想法，也能對自己的老婆多了解一些。

　　這天歐陽剛上班，公司新來的一個外籍同事就把他悄悄的拉到一邊。他四下看了看，然後神情緊張的問歐陽：「東方的女人是不是很多同性戀啊？」

　　這一問，讓歐陽摸不著頭緒，一點都不知道怎回答。

　　「你說什麼，我不明白？」歐陽搔搔頭，把沒聽懂的原因歸於是因為他們的語言差異，外國人嘛，用詞難免奇怪。

　　「我說，東方女性是不是很多都是同性戀？為什麼我們公司的女同事們，有時候會表現出來特別親密的舉動？」這個老

外又費力的表達了一遍他的想法，然後用充滿求知慾的雙眼懇切的望著歐陽。要知道，他這次來這邊的主要目的可不是為了工作，而是泡妞啊！

「你說什麼啊？她們當然不是同性戀！她們很多都是有老公、男朋友的，同性戀者還是很少數的。」歐陽終於聽懂了他說什麼，顯然是文化差異帶來的誤解，而東方女人和女人之間的親密動作讓這個老外誤解了。

「你看上哪個小姐，放心大膽的去追就是了！」歐陽懶得給他解釋，讓他自己慢慢摸索去吧。

回辦公室的路上，歐陽看見總經理祕書和櫃檯小姐正一起往洗手間的方向走去，不過兩人手挽著手，動作煞是親密。

原來剛才老外同事的誤解確實是有原因的，不過，這邊的男人從小就已經見慣了這種場面，自然也習慣了。

原本歐陽以為這已經是他今天所遇到的最扯的事情，但他錯了，好戲還在後頭！

晚上，當歐陽拖著疲憊的身軀，打開家門的時候，差點被眼前的一幕給嚇傻了。自己家的床上坐著兩個上身只穿著胸罩的女人！

一時間，他還以為自己是走錯了門，進了別人的家。但再一定神，他可以確定兩個半裸女中，那個小腹微凸的正是自己

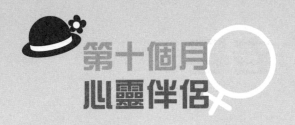
懷孕的老婆。

　　反應過來後，他急忙把門關上，屋內兩個女人正慌忙的穿起衣服。

　　隔了一會兒門開了，老婆先不好意思的走了出來，後面跟著一個三十歲左右的女人，手中還拎著大包小包的衣服。

　　「這是我的一個姐妹，叫小曼，今天我們上街去購物了，我們家離商場比較近，所以就先回來試試衣服。」老婆說完看看小曼，很曖昧的笑了，小曼則有些不好意思的朝歐陽點了點頭，並很快離開了。

　　歐陽想問，卻又不知道該說什麼好，女人就是這樣，老婆和姐妹淘的關係好，男人能怎樣呢？

　　「老公，我有個姐妹都老大不小了，你們公司有沒有合適的男生，幫她介紹一下嘛！」東方雨像想起了一件十分重要的事情一樣，拍拍腦袋。

　　「好，好，我明天上班就去問！」對待姐妹們的事情，老婆總是格外的用心，如果自己抱怨，肯定會換來一場戰爭。歐陽也學聰明了，嘴上同意著，心裡暗自叫苦連天。

　　「老公，週末姐妹淘們要舉行一個小聚會，說要帶老公的哦！到時候你要陪我一起去。」東方雨每週都和姐妹們有聚會，而這星期幾乎全部的死黨都會來，其中幾個姐妹還沒見過她老

公，所以特意叮囑要東方雨帶老公來給她們看看。

「好，好。」歐陽應承著，心想自己的週末假期泡湯了，要陪一群嘰嘰喳喳的女人度過一個下午，真是讓人求生不得、求死不能啊！

**☺解密頻道**

男人要瞭解女人的一個重要指標，就是要先瞭解她的交友圈。那些圍繞在妻子身邊的女人們，她們怎麼互相稱呼，你瞭解嗎？沒錯，閨中密友、死黨、姐妹淘就是指她們。

說起她們的份量，加起來可不會比你在老婆心中的地位低哦！現在女人常說的「男人易找，密友難尋！」就是這個道理啦！因為姐妹淘們永遠能夠在她們最需要的時候出現，尤其在女人和男人吵架的時候，她們更容易「趁虛而入」了。男人要想討好老婆，就千萬不能和她們作對，把老婆身邊的好友收買成「自己人」才是上上之策。

女人為什麼需要姐妹淘呢？1、陪逛街。2、當愛情顧問。3、失戀時的聽眾。4、盯緊老公的眼線。5、分享心事。6、交流減肥。7、化妝心得。8、結婚後的感情依託。

婚後老婆和姐妹淘都喜歡做些什麼呢？現代女性不再是大門不出二門不邁的保守女性，她們懂得生活，更加會享受生活。

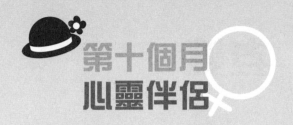

當老公無法和她們一起為化妝品、服裝等瘋狂的時候，她們也不必擔心會寂寞，因為有最好的姐妹淘能陪伴。

結了婚的女人，關起門來聊的都是祕密，她們會在一起切磋廚藝，探討哪個超級市場的東西便宜一點；她們也會一起抱怨對男人的不滿，以及對孩子的教育問題；哪天某個姐妹遭逢家庭或愛情「變故」時，她們永遠會是最好的支持者。

**妙招指點**

✔永遠不要嘲笑女人們的友誼，學會尊重她的朋友，在她們的關係「親密無間」時，切忌不要說那個「姐妹淘」的壞話，否則將不可避免的造成一場不必要的家庭戰爭。

✔發現老婆的姐妹淘不是善類時，不要在當下說出來。因為沒有證據就沒有說服力，老婆是不會接受的，而且還會把這項指控當成你的個人偏見，轉而更加深信自己看人的眼光，你的善意提醒，會引起她的不滿，反而使她們來往會更加密切，友誼變得更牢不可破。

這個時候應該選擇暫時性的沉默，像獵人那樣耐心等待，等到對方狐狸尾巴露出時，再一把抓住它。

老婆

跟你想的不一樣

✔要做到和老婆的姐妹淘保持適當的距離，以免產生不必要的麻煩，在婚外情充斥的當今，你要時刻保持冰清玉潔的身心，才能使家庭健康長久。與老婆的姐妹淘擦出「愛情火花」的結果，往往是三敗俱傷。

✔男人需要面子，女人難道就不要嗎？有時女人的虛榮心遠遠的要多過男人，在老婆的姐妹淘面前給足她面子，老婆自然也會在你的兄弟面前給足你面子。

✔陪她出席需要先生參加的聚會時，不要以為這是在浪費時間，也許老婆某個姐妹的老公就是某方面的當權人士，你遇到的困境可能就此解決。把這種聚會看成是一個擴大人脈的機會，你何樂而不為呢？

# 第十一個月

# 又吵架了

老婆
跟你想的不一樣

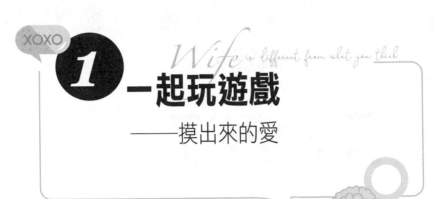

# 1 一起玩遊戲
## ——摸出來的愛

XOXO

*Wife is different from what you think*

　　「咦？你們家的門怎麼撞成這樣？遭小偷啦？」修理工看著已經關不上的防盜門疑惑問著，這是他五年來的修理生涯中，見到的最、最、最慘不忍睹的一扇門了。

　　「啊，不是不是，呵呵，是不小心撞壞的。」歐陽尷尬的回答，也同情的望了一眼那扇門，心裡默默的對它說了句：對不起！

　　是的，門是歐陽搞壞的！

　　本書的讀者，對於歐陽和東方雨吵架後的甩門聲一定不陌生，這個可憐的門，經歷多次催殘，本就已經搖搖欲墜，昨天歐陽與東方雨又因為一點小事吵了起來，歐陽一氣之下又故技重施，想要甩門走人。

　　這一次，門再也忍受不住長久以來的欺凌，義無反顧的決定犧牲。所以這次歐陽聽到的不單是一聲「砰」，隨後他又聽到了聲「哐噹」。這一聲正是門隨之倒下的聲音。

　　原本又準備離家出走的歐陽，望著倒下的門，和屋內正和自己面面相覷的老婆，竟然忘記了剛才兩人是為何而吵，只覺得當下最迫切的任務就是儘快把門修理好！

　　「你這門……我看已經無可救藥了。建議你還是換一扇吧，有一個品牌保證堅固耐用！」修理工面對這扇已經嚴重變形的門無計可施，於是向歐陽建議道。

　　「好。」除此之外，歐陽也想不出其他辦法，總不能讓家裡大門敞開著吧。

　　歐陽和東方雨互看了一眼，爭吵的緊張氣氛已經消失不見，兩人同時看了看那扇破爛不堪的門，心裡充滿了愧疚之情。

　　新門換好後，兩個人開始了深刻的反思，並約法三章，內容大致如下：

　　第一，沒有太大的利益衝突，儘量避免吵架的情況發生；第二，即使吵架也不准甩門，甩門者一次罰款五百元；第三，吵架後手機不准關機，也不准離開離家範圍一公里之外。兩人訂立完條款反覆確認後，各自簽上了自己的大名。

　　「要說話算話哦！」東方雨晃了晃自己的那張，指著歐陽

的名字，示意他不准犯規。此時電話鈴聲響起，離電話比較近的東方雨接了電話，電話那頭的女孩聲音雖然陌生，但很好聽。

「妳是思雨？」東方雨竟一下子脫口而出。

「是啊！妳怎麼猜到的？」思雨在那邊很驚奇的說。

「直覺吧，女人的直覺。」東方雨很得意的說。

「長話短說，我們不應該通話的。我有樣禮物要送給你們，週末在象牙海岸有一個夫妻瑜伽課程，你們一起去吧，我幫你們報名了，對夫妻和諧很有效的！」

「好啊，那我們去看看吧！正好我們今天吵架，還甩壞了門呢！」東方雨邊說邊瞪了一眼歐陽。

### 週末‧象牙海岸

「思雨介紹的地方好特別喔！」東方雨望著眼前的建築物，回頭對老公歐陽說。

「嗯。」歐陽點點頭，也正仔細的打量眼前的這棟白色建築，樣式像極了印度有名的泰姬瑪哈陵，只不過小了一號。

二人往裡走，裡面的裝潢很華麗，十足的異域風情，最特別的是，房子裡有一股特別的香氣讓人全身都很放鬆。

「是歐陽先生和太太吧！」一個穿著類似泰式民族服裝的美女接待迎了上來，確認了身分後，她指引著夫婦兩人來到了

第十一個月
又吵架了

二樓的一間瑜伽教室。

「這是我們民族獨特的一種修養生息之法，尤其適合增進夫妻間的感情，讓兩個人透過一種身體的細微接觸，來增強心靈的交流，好，現在大家都閉上眼，把指尖放到彼此的唇上，仔細感覺對方的呼吸……」

◉解密頻道

為什麼自古就有「床頭吵，床尾合」的說法呢？這是因為夫妻兩個人產生口角之後，透過床上的嬉戲，更有助於感情的溝通，能讓愛情回溫。房事過後，雙方在身體的愉悅中得到滿足，自然就會把之前的不愉快統統忘記，所以說這種說法還是很有道理的。

感情的培養，除了在雙方情感上的經歷外，也需要一些肢體語言，也就是夫妻間在性愛之外的親密接觸，例如一個吻，一個擁抱，這種接觸可以增強相互的依賴感。平時就有一些親暱動作的夫妻，普遍感情都很好就是這個道理。

為彼此身體互相按摩，是很能增進夫妻間感情的。但是，自己經驗不足的按摩會弄疼對方嗎？這是很多夫妻按摩之前都會問的問題，其實這樣的擔心大可不必，因為按摩最重要的是，讓你的另一半感到快樂並覺得窩心，所以並不是要求技巧一定

197

老婆
跟你想的不一樣

要十分完美。

按摩是一種非常美妙的感官體驗，其中的情趣按摩，更是夫妻間最好的性愛前奏，能夠達到喚發情慾、釋放本能的目的，最重要的是，可以增強兩個人之間的親密關係。

**☞妙招指點**

能讓人感到放鬆愉悅的 9 個按摩點

1、乳房。2、唇和口 。3、小腹 。4、大腿內側 。5、耳垂。6、頸背。7、腋下。8、臀部。9、靠近性器官的部位。

先選個溫暖的房間，按摩環境要舒適，可另外準備一些小枕頭和靠墊。拉上窗簾，調暗燈光，營造朦朧的視覺效果，也可以點燃一些精油和熏香，刺激感官情緒。記得要先取下首飾、手錶等物品，不要讓這些器物刮傷對方。

一開始進行時要先避開敏感部位，循序漸進的按摩才能達到效果。

## 2 偵探和反偵探

XOXO

*Wife is different from what you think*

—— 女人想像中的第三者

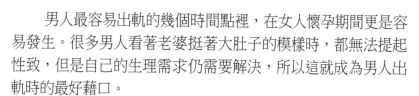

男人最容易出軌的幾個時間點裡，在女人懷孕期間更是容易發生。很多男人看著老婆挺著大肚子的模樣時，都無法提起性致，但是自己的生理需求仍需要解決，所以這就成為男人出軌時的最好藉口。

不知道從哪裡聽來的謠言吧，東方雨最近變得越發的疑神疑鬼，像個等候獵物的狐狸一樣，每天警惕的觀察著歐陽。

「你去哪了？怎麼這麼晚才回來？」不出歐陽所料，這就是他進家門後，老婆對他的第一句問候語。

「我加班呀！」歐陽耐著性子的和她周旋，他說的是實情。

「真的嗎？過來讓我聞聞！」東方雨吆喝一聲，歐陽乖乖的過去，身子湊到老婆跟前讓她檢查。心想著如果老婆不是因

為挺著肚子，可能會把他從頭到腳聞一遍吧。

「老婆，我們不要再玩這種偵探遊戲了好不好？一點意思都沒有，這樣我覺得很煩啊！」一段時間下來，歐陽已經覺得忍無可忍了，一定要和老婆好好溝通一下，難道她就這麼不信任自己嗎？

「我就是覺得你有問題，我懷孕這麼久，你怎麼都沒有那方面的要求呢？一定是在外面解決掉了，我告訴你，歐陽朔，如果真的被我抓住把柄你就死定了，孩子你連見都別想見！」東方雨撂下狠話，把歐陽嚇了一跳。

百般無助的歐陽，再度敲響了思雨的店門，在他現在的意識裡，思雨是唯一個能夠幫助他的人，也是唯一能夠幫他搞定他老婆的人。

「呵呵，你不怕她也懷疑我嗎？畢竟我是你介紹給她的。」思雨笑問道。

「不怕啦，我覺得她對妳超級信任了，現在好像什麼事情都和妳說，這件事其實妳早就知道了吧！」歐陽深信思雨一定要比自己更瞭解他和老婆的處境。

「嗯，她是提過。但是這一切也不是空穴來風吧，據我所知，確實是有一個女孩，你和她之間有些曖昧不清哦！」思雨

200

露出了洞察一切的笑容。

「那個、那個也不過是個談的來的朋友而已,我和她真的沒什麼啊!」歐陽忙著辯解,前陣子公司來了個漂亮的女大學生跟著他實習,她為人熱情長的又漂亮,而自己雖然稍微有起了一點色心,但由於沒有色膽,所以不敢越雷池半步。

「我知道,如果你真有什麼行動的話,我第一個不放過你!」思兩瞥了一眼他接著說:「這兩個月你要安份一些,一定要讓她平安生下寶寶知道嗎?這非常重要。至於你老婆,不用擔心,我會好好勸她的,你放心吧!但這也需要你的配合。她現在全心在家待產是很寂寞的,所以需要你的諒解!」

「我一定會盡力配合妳的,妳放心!」

### ☺解密頻道

　　大多數女人結婚之後,容易變得像個偵探一樣疑神疑鬼,為什麼會這樣呢?因為結婚之後男人和女人的地位會產生變化,結婚之前,男人為了把女人娶回家,甜言蜜語、關心備至的樣子讓女人安心,但是一旦走進婚姻的殿堂,男人就開始怠慢,而女人自然會變得疑心重重,擔心老公是不是有了外遇?才對自己冷淡,這是每個愛老公的老婆,都會反覆猜疑的問題。

　　加上幾乎所有人都公認女人會比男人老的快,尤其一過

## 老婆
### 跟你想的不一樣

三十就開始人老珠黃，讓男人新鮮感喪失，而使得他們的目光開始被年輕女人所吸引。對男人來說，遇到這種老婆的確是煩不勝煩，但是你也要試著站在她的立場去思考問題，瞭解她的想法，她為什麼這樣歇斯底里？歸根究底還不是怕失去你。要反省一下，自己是不是有地方做的不對，讓她誤解了？

**☞妙招指點**

✔減少在家裡談論女同事的次數，能不談最好不要談。你經常在妻子面前炫耀你的好人緣，會讓她沒有安全感，使得她終日疑神疑鬼，這樣只會加深夫妻間感情的裂縫，女人要靠哄，這個時候也不例外，好好的說些甜言蜜語。為了讓她安心，適當的時候發誓賭咒也不失為好方法。

✔永遠不要談論舊情人，尤其是舊情人的好，她會想，有一天你們會不會舊情複燃離她而去呢？這種假設會讓她抓狂，整個人歇斯底里起來。

✔讓她感覺到，你事事都以她為中心的照顧她跟呵護她，當你們兩個人之間的感情親密無間的時候，她自然不會懷疑感情會有第三者破壞了。

XOXO

## 3 從前的祕密情史

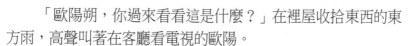

### ——別在女人面前提起舊情人

「歐陽朔，你過來看看這是什麼？」在裡屋收拾東西的東方雨，高聲叫著在客廳看電視的歐陽。

知妻莫若夫，歐陽一聽這喊聲，心裡就知道不妙，於是腦筋飛快的轉著，猜想老婆是抓住了自己什麼把柄，才喊的如此大聲。

「老婆說她今天要收拾一下櫃子……嗯，櫃子裡有什麼……啊！」歐陽恍然想起了櫃子裡有一個自己的「祕密寶藏」。是小時候爺爺送給自己的盒子，從小到大，他都對這個盒子十分珍愛，因此裡面放的都是自己覺得最珍貴的東西。

這個盒子也算是古董級的文物了，但很不幸的，前幾天不小心被他摔了一下，栓鎖的木頭脫落了，使得盒子上頭的一個銅質小鎖變得搖搖欲墜。想必今天老婆收拾東西的時候發現了

這個盒子，然後在好奇心的驅使下打開了它……如果真是這樣，可就大事不妙了，因為那裡面裝的是……

「歐陽朔，你磨蹭什麼？快給我過來！」東方雨的聲音，極具穿透力的險些震破了歐陽的耳膜。

「來了，來了！」歐陽應承著，慢慢朝老婆發聲處走去。但是就算再慢，才十幾坪的空間也很快就走完了。不一會兒，他就看見了房裡表情兇神惡煞的老婆。

東方雨毫不客氣的上前一把揪住了歐陽的耳朵，「你看、你看，你給我看清楚，這些都是什麼？好啊，歐陽朔，結婚這麼久了，我還不知道你有這麼多的小祕密呢！」

歐陽一看，果然是那個木盒子惹的禍，盒子裡的東西已經散落出來，都是些發黃的信紙，這回是抵賴不掉了。他真恨自己為什麼要把這些「犯罪記錄」留了下來，這不是擺明著找罪受嗎？但是現在想這些已經為時已晚。他趕忙陪笑道：「老婆妳看，這些都是些陳年往事了，早就該扔掉的，我一時忘了，竟然還放在這裡，我這就去扔這就去扔。」說著，馬上拿著盒子就往外跑。

「知夫莫若妻」，就在歐陽剛拔起腿準備開溜的時候，身懷六甲的東方雨，伸手快似閃電的一把擒住了他的襯衫。

「你往哪跑？沒交代清楚就想銷毀證據了是不是？」東方

雨已經看穿了歐陽的把戲，心想今天一定要讓他交代清楚。

歐陽見自己敗勢已成定局，就也不再掙扎，垂頭喪氣的坐在了一邊，等待東方雨問話。

「好了，你給我坐好了。從現在開始，我問你答！」東方雨氣勢洶洶地說道。

她先從盒子裡抽出了一封信，信紙已經泛黃，感覺上很薄、很脆，應該已經是存放多年了。她開始仔細辨認信上的字跡，看樣子應該是個女孩子寫的，因為字跡很娟秀。從內容上看，應該是兩個人交往時寫的情書，女孩子稱歐陽為朔，兩人的關係應該不簡單。

「這女的是誰？你不是說我是你的初戀嗎？怎麼還有這些情書，你別說不是寫給你的！」東方雨問道。

「這是我一個高中同學，上學的時候曾經互相有些好感，但是因為沒考上同一個大學，只能書信來往……後來就斷了聯繫，再後來我就和妳在一起了！」歐陽說的也是事實，但是先前確實對東方雨隱瞞了。

「現在這個女人還跟你聯絡嗎？」東方雨覺得自己還是很理智的，對於過去，她可以不計較，但是如果這個女人仍舊在影響他們的生活，那麼她就不客氣了。女人為了捍衛自己的家庭，可以做出很多超乎想像的事情。

　　「我們很多年沒有聯絡了，只聽過以前的同學說她已經結婚生子，我連她嫁到哪都不知道。而且，說真的我已經連她長什麼樣子都不記得了！」

　　歐陽確實記不得這個女孩的長相了，但是他沒說的是，她那甜甜的倩影雖然模糊，卻永遠留在他的心裡。

### ◎解密頻道

　　女人天生多疑，而自己以往的情史到底應不應該向她坦白？

　　答案當然是否定的。因為每個女人都是小說家，只要你說了一，她們就會在腦子裡勾勒出二、三、四的情節，然後每天為這些自己假想中的情節苦惱不已。所以省去這些麻煩，你處理的最好方式就是保持緘默。

### ☞妙招指點

　　✔切記，在老婆面前能不提舊情人就永遠不要提起，哪怕是在和老婆開玩笑的情況下。就算你覺得她心情很好應該可以打趣一下也千萬不可，因為女人對這些事情很容易當真比較的。

　　✔不要在老婆面前誇讚前女友的好，女人是善妒的，要知道，現在陪你一起生活、養兒育女及關心你的，是你身邊的這

個女人，多想想怎樣和她好好相處才是最重要的，而不是一味的讓自己沉溺在過去的風花雪月之中。「得不到的總是最好」，這是大錯特錯的觀點，聰明的男人永遠是向前看的。

　　✔最好切斷和前女友的一切聯繫，如果你們是在外力因素下分開的，就更要如此，快刀斬亂麻，像個男子漢一樣，不要拖泥帶水。

# 老婆不一樣
## 跟你想的樣

# 第十二個月

# 下一站生活

XOXO

# 1 「完美」嬌妻

## ——能訂做一個她，該有多好

　　電影院最新上映的一部片叫做《完美嬌妻》。歐陽沒看影片的介紹，但是光聽片名就覺得影片的內容，應該是一個十全十美老婆的故事，這樣的片子應該是個不錯的教材，可以把平時不聽話的老婆教育一番，因此在公司同事要訂票時，連平時不愛看電影的他也特意預訂了兩張。

　　週末，帶著大腹便便的老婆和一大包爆米花來到了影院，準備讓老婆接受一下「視覺教育」。但是等看完電影才發現，這部電影的內容，簡直跟自己所想的劇情相差十萬八千里。內容是講一個變態丈夫想要把妻子改造成機器人的故事，結果女人逃出了魔掌，重新獲得了自由。

　　顯然，這部電影更得老婆的歡心，所以回家的路上還一直跟他討論個不停。

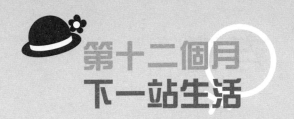

「老公，我覺得這電影真是不錯看耶！女人啊，就是要有獨立的意識去駕馭生活，不能一味的聽男人的擺佈，尤其是那個男人自己也沒什麼主見的時候。」

歐陽明白她是在暗示自己，意思是，她不會任人擺佈做個好好妻子。

歐陽雖然聽著心裡很不爽，但是礙於她肚子裡裝著自己的女兒，歐陽只好吞下這口氣，假裝聽不懂她的隱藏的話意。

這天夜裡，歐陽做了個夢，夢裡他過著自己想要的生活，富足、無憂整日悠閒自得，再也不用擠公車上下班，每天就只是打打高爾夫球，喝喝咖啡的過日子，真是最完美的生活啊，唯一不完美的就是自己的老婆。

像他這樣的富豪，理應娶一個絕色美女做老婆的，而東方雨的外貌只能說是清秀而已，最要命的是她的脾氣，整日裡大呼小叫，哪裡有闊太太的風範，帶她出去都讓自己丟臉。

於是，歐陽決定對東方雨進行一番人工改造，不論從外貌到內在，都要讓她變得完美起來，說得體的話，做得體的事……這樣她才配的起自己的富豪身分嘛！於是他請了全國最好的整形醫師來為老婆做手術。

當老婆重新出現在他面前的時候，歐陽簡直不敢相信自己

## 老婆
### 跟你想的不一樣

的眼睛，這是東方雨嗎？外貌簡直美的驚為天人。除此之外，她的性格也與以往截然不同。變得對丈夫千依百順，溫柔無比，歐陽說什麼她都會安靜的聽著，嘴上掛著最親切的微笑，且總是用崇拜的眼光看著他。

起初，歐陽看著這樣的東方雨，感覺很有成就感，很有做男人的尊嚴。但是當她每天都用同樣的表情態度對待他時，他卻開始懷念以前的東方雨，他想念她的蠻不講理，想念她臉上調皮的表情……但是醫生告訴他，以前的那個東方雨永遠不會回來了，歐陽看著眼前的這個「完美女人」，從她那裡感覺不到任何情緒，她就像機器人一樣按照程式做每個動作。

還我老婆！

歐陽被自己的叫聲驚醒了，發現已經出了一身冷汗。

老婆正好好的躺在身邊，雖然懷孕胖了不少，身材已經有些走樣，但睡顏依舊可愛。

歐陽輕輕的摸了摸老婆的臉頰，低聲說了句：「謝謝，老婆！」。是的，自己怎麼會那麼傻，放著這麼可愛的老婆不要，而去要什麼「完美老婆」呢。

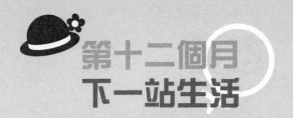
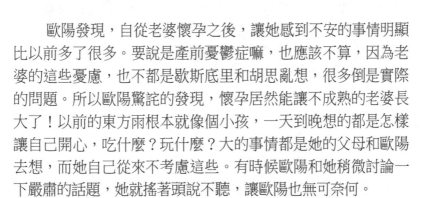

XOXO

## 2 女人的事業心

—女人一定要有自己的工作

*Wife is different from what you think*

　　歐陽發現，自從老婆懷孕之後，讓她感到不安的事情明顯比以前多了很多。要說是產前憂鬱症嘛，也應該不算，因為老婆的這些憂慮，也不都是歇斯底里和胡思亂想，很多倒是實際的問題。所以歐陽驚詫的發現，懷孕居然能讓不成熟的老婆長大了！以前的東方雨根本就像個小孩，一天到晚想的都是怎樣讓自己開心，吃什麼？玩什麼？大的事情都是她的父母和歐陽去想，而她自己從來不考慮這些。有時候歐陽和她稍微討論一下嚴肅的話題，她就搖著頭說不聽，讓歐陽也無可奈何。

　　寶寶的預產期是十二月份，也就是當進入十二月時，就是到了一個隨時該緊張的月份了，可是東方雨想的最多的，卻是自己的工作問題。閒來無事時，她會開始算計未來養育寶寶的

各項開支，這是一筆不小的數目，按照現在的收入水準來說，意味著今後，他們的生活品質會因為寶寶的出生而大大下降，萬一他們其中一個人失業，更將會帶來災難性的後果。

「老公，聽說剛生完小孩的女人，是很不受職場歡迎的！」東方雨憂心忡忡的對歐陽說。

「沒關係，工作有就行了，別給自己太大壓力，就算妳在家帶小孩當家庭主婦，我也能養的起妳們！」歐陽安慰道。人生有很多生存方式，歐陽認為心態才是最重要的，孩子不一定要給予最好的物質生活，只要在有愛的環境下盡力撫養就好。經歷了這麼多的風風雨雨之後，在這個新生命即將到來的時刻，歐陽覺得自己也成熟了，很多問題不再會去斤斤計較的埋怨，而是會以一種積極的態度去面對它。

「嗯，有你跟我一起面對，我感覺好多了。現在我覺得很安心！」東方雨躺在歐陽懷裡聽著老公的心跳聲，肚子裡的小生命還三不五時的搗蛋踢媽媽肚皮一下。此刻，她感覺到三顆心是如此的靠近。

「妳有沒有事業心，並不重要，只要我們一直是在努力生活就行了。」以前歐陽認為女人要有事業心但是又不能太強，現在的他很能理解老婆作為女人的苦處，一切順其自然吧！

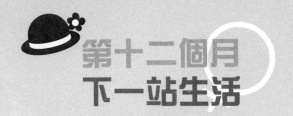

第十二個月
下一站生活

## ☺解密頻道

現代的社會，對女人的期望越來越高，女人和男人在同等職位，一定要比男人付出更多心力才行。但是事業心太強了也不好，太強的事業心容易影響夫妻感情，疏忽小孩教育以及自己的身體健康等問題。而女人沒有事業心不行！但是事業心太強也不好！所以女人的事業心，應該適可而止。

## ☞妙招指點

女人一定要有自己的工作，有工作的女人每天朝九晚五要上班，自然就少了能胡思亂的時間。

✔女人在工作之餘要兼顧到家庭，要告訴她，這並不是男人的自私的想法，而是因為自古以來，女人就承擔了哺育下一代和照顧家庭的責任，尤其是有了孩子之後，母親對孩子的影響是巨大的，不可因為她個人的自私而疏忽了孩子。

✔從社會角度來說，男女還未達到完全平等的狀態，尤其在職場中，男人投入精力所獲得回報率要遠遠大於女性，從這點來說，女性還是應該把為家庭打拼的責任，讓男人去承擔。

# ③ 當爸爸了
## ——男人的前世情人

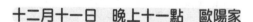

**十二月十一日　晚上十一點　歐陽家**

　　已經上床休息的東方雨，忽然感覺肚子有點悶痛，預產期就是這幾日，她想：「是不是要生了？」

　　「老公，老公！我好像要生了！」東方雨忍著痛，推醒已經熟睡的歐陽。

　　「啊！什麼？快生了！」歐陽猛地從床上彈了起來，雖然他已經無數次在腦中演練過，老婆即將臨盆的這一幕，但是此刻還是緊張的不知所措。

　　「去拿櫃子裡那包我已經收拾好的東西，趕快去醫院。」雖然肚子越來越疼了，但是東方雨顯然比歐陽冷靜得多。

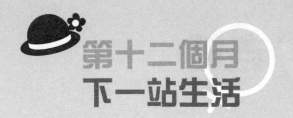

## 第十二個月
## 下一站生活

✿

　　在車上，陣痛有規律的斷斷續續，東方雨之前在網上查過，這是生產的前兆，她已經可以肯定孩子就要出生了！

　　到了醫院，大夫檢查後說羊水還沒破，只能等待。

　　在待產室裡，歐陽緊握著老婆的手。汗水不斷從她額頭流下，看著臉色因疼痛而發白的東方雨，他真恨不得代她去承受這一切痛楚，但是這是不可能的，他現在唯一能做的，只是緊緊的握著老婆的手，希望自己的力量能夠透過掌心，傳給老婆和孩子，幫她們加油！

　　「上帝啊，請保佑她們母女平安吧！」他一直是個無神論者，但是在此刻，禱告是他唯一能做的事情。

### 十二月十二日　凌晨四點　手術室

　　痛了幾個小時，東方雨感覺自己的力氣已經消耗殆盡了，這個時候羊水終於破了！她被醫生護士七手八腳的移到手術室。

　　手術台上，醫生在一旁指導著她叫她用力，老公也牽著她的手要她加油用力。她很聽話的用力了，可是孩子就是怎樣都

老婆
跟你想的不一樣

不肯出來。

　　她不記得自己用了多少力氣，努力用力了多少回。現在只感覺心力交瘁，忽然覺得好累好想睡「拜託，讓我睡一下下就好了」她想著，於是她閉上了雙眼。

　　好舒服啊，就這樣躺著，什麼都不要想了不要做了。

　　恍惚間她聽見醫生焦急的大喊：「趕快急救！孕婦大出血！快準備止血！」

　　他們怎麼了？她很想知道卻睜不開眼，「算了，不管，太累了，先好好休息一下吧。」

　　「不可以這樣睡著哦！」一個女孩的聲音，打破了黑暗中的寧靜。

　　「妳是誰？」聲音好熟悉，東方雨問。

　　一束光線照亮黑暗的沉寂，光影下是一個十七、八歲的女孩，手裡還抱著一個嬰兒朝她走來。

　　這女孩感覺好熟悉，她很像……我？

　　東方雨發現眼前這個女孩，很像自己十七、八歲時的樣子，但是又有些不同。

　　「妳是……思雨？」東方雨記得歐陽曾說過，思雨很像以前的她，雖然她們從未碰面，但是直覺告訴她這個女孩就是思雨！

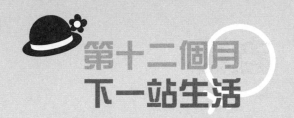
　　「嗯，是我，終於見到妳了，我一直很想見妳，我真的好想見妳……」思雨泛紅著雙眼說道，而東方雨竟然從她的眼神中，感受到她的無限眷戀和不捨。

　　「現在妳還不能睡著，妳要睜開眼睛，繼續加油！再這樣子下去妳和孩子都會很危險的。」

　　「可是我好累、好痛，沒有力氣了！」東方雨搖搖頭說道。

　　「妳看這個孩子多可愛，她就是妳女兒，妳想見她、抱她吧！」思雨把懷裡的孩子給東方雨看，孩子正在酣睡，樣子十分可愛。

　　「妳老公也在那裡等著，他都快急死了，妳愛他吧，為了他們再努力一下好嗎？」

　　「老公？」東方雨好像聽見了歐陽正在呼喚著自己的名字，聲音越來越大，她努力睜開眼睛，看到了他滿臉狂喜的淚水。

　　早上八點，嬰兒的哭聲響亮的從手術裡傳出，母女平安！醫生和護士們也都很激動，互相擁抱著！

　　東方雨這次真的沉沉的睡著了。

　　「醫生，她沒事了吧！」歐陽緊張的問道。

　　「沒事，她可以好好睡一覺了，你別吵醒她啊！」

## 七年後的十二月十二日　歐陽家的花園

　　今天是歐陽和東方雨的女兒歐陽安妮的七歲生日。七年的時間，歐陽已經成為一個電腦軟體公司的老闆，而老婆東方雨也自己經營著一家小外貿公司。

　　七年來，他們幾次搬家，房子越換越大越換越好，現在一家三口住在獨棟花園別墅中。此刻，他們請來了女兒的同學們一起為女兒慶祝生日。

　　看著安妮純真可愛的笑臉，東方雨忽然好像想到了什麼，對歐陽說：「我覺得安妮長的好像思雨！」

　　「我也這麼覺得呢，也不知道為什麼，長的很相像。」歐陽也時常這樣覺得。

　　「自從安妮出生，她就消失了，她為我們做了很多……如果沒有她，我們可能無法像今天這樣相互瞭解吧！」東方雨感慨的說。

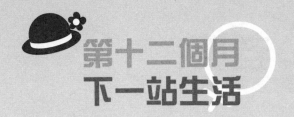

### 安妮誕生的前一天，十二月十一日　中午　畫廊

　　十二月的冷風，透過窗戶的縫隙吹了進來，思雨打了個冷顫，那個她稱作乾媽的女人拿了件毛衣從後面給她披上。

　　「最近妳越來越虛弱了。」女人擔心的看著她。

　　「嗯，是啊，因為她快出生了，只要她一生下來，我就得消失了，同一個世界上怎麼能容下兩個我呢？所以身體才會有反應吧……」

　　「妳父母現在感情很好，悲劇應該不會重演了，妳沒有白來這一趟！」

　　「嗯，他們現在很相愛，我相信未來是美好的，那個屬於另一個我的未來……乾媽，我終於可以丟棄思雨這個名字。妳想，他們會幫我取個什麼名字呢？」思雨甜甜的笑了，好像已經看到一幅溫暖無比的畫面。

## 關於歐陽思雨……

　　歐陽朔與東方雨大學畢業後就結婚，也許是因為太年輕，也或許還不夠成熟，兩人的個性總是顯的水火不容，也無法相互諒解。日子過的兩天一小吵，三天一大吵，曾鬧的險些離婚，但終因東方雨的懷孕而放棄。

　　東方雨從小就身體不好，加上平日夫妻關係不和而抑鬱成疾，在生產當天就因難產過世。而女兒出生當日，歐陽因為之前與妻子吵架而賭氣未歸，而造成自己的終生遺憾，後半輩子都活在自責中，並為女兒取名為思雨。

　　思雨漸漸長大，出生在單親家庭的她，從小就不知幸福為何物。父親整日借酒澆愁，父女間缺乏親情交流，不溫暖的家庭關係造成思雨性格孤僻，在十六歲時就離家出走。後來在偶然的機會下，遇到了國際甲級巫師——魯西西，還認她作乾媽，並在她身邊學習法術。

　　在父親臨終前，思雨才知道父親仍然是深愛著母親的，只是因為當初處理愛的方式不當，才造成自己抱憾終生的結局。於是，思雨毅然決定施行巫術界禁用的「時空穿越術」，穿越時空來拯救父母的婚姻……

大大的享受拓展視野的好選擇

永續圖書線上購物網
www.foreverbooks.com.tw

謝謝您購買 **老婆跟你想的不一樣** 這本書！

即日起，詳細填寫本卡各欄，對折免貼郵票寄回，我們每月將抽出一百名回函讀者寄出精美禮物，並享有生日當月購書優惠！

想知道更多更即時的消息，歡迎加入"永續圖書粉絲團"

您也可以利用以下傳真或是掃描圖檔寄回本公司信箱，謝謝。

傳真電話：（02）8647-3660　　　　　　　　信箱：yungjiuh@ms45.hinet.net

---

☺ 姓名：_____　　□男　□女　　　□單身　□已婚

☺ 生日：_____　　□非會員　　　　□已是會員

☺ E-Mail：_____　　電話：（　）

☺ 地址：_____

☺ 學歷：□高中及以下　□專科或大學　□研究所以上　□其他

☺ 職業：□學生　□資訊　□製造　□行銷　□服務　□金融

　　　　□傳播　□公教　□軍警　□自由　□家管　□其他

☺ 您購買此書的原因：□書名　□作者　□內容　□封面　□其他

☺ 您購買此書地點：_____　　金額：

☺ 建議改進：□內容　□封面　□版面設計　□其他

　　　您的建議：_____

廣告回信
基隆郵局登記證
基隆廣字第57號

新北市汐止區大同路三段一九四號九樓之一

# 大拓文化事業有限公司收

請沿此虛線對折免貼郵票，以膠帶黏貼後寄回，謝謝！

想知道大拓文化的文字有何種魔力嗎？

- 請至鄰近各大書店洽詢選購。
- 永續圖書網，24小時訂購服務
  www. foreverbooks. com. tw
  免費加入會員，享有優惠折扣
- 郵政劃撥訂購：
  服務專線：(02)8647-3663
  郵政劃撥帳號：18669219